商业新闻出版公司和轻松读文化事业有限公司提供内容支持

新时代
经济风口

浓缩书编辑部 编

中国盲文出版社

图书在版编目（CIP）数据

新时代经济风口：大字版 / 浓缩书编辑部编 .—北京：中国盲文出版社，2015.12

（速读大师）

ISBN 978—7—5002—6933—5

Ⅰ . ①新… Ⅱ . ①浓… Ⅲ . ①企业经济—手册 Ⅳ . ① F270 — 62

中国版本图书馆 CIP 数据核字（2015）第 309635 号

本书由轻松读文化事业有限公司授权出版

新时代经济风口

编　　者：浓缩书编辑部
出版发行：中国盲文出版社
社　　址：北京市西城区太平街甲 6 号
邮政编码：100050
印　　刷：北京汇林印务有限公司
经　　销：新华书店
开　　本：787 × 1092　1/16
字　　数：80 千字
印　　张：12.25
版　　次：2016 年 1 月第 1 版　2017 年 3 月第 1 次印刷
书　　号：ISBN 978—7—5002—6933—5/F · 107
定　　价：42.00 元
销售热线：（010）83190289　83190292　83190297

出版前言

数字文明为我们求知问道、拓展格局带来空前便利，同时也使我们深受信息过剩、知识爆炸的困扰。面对海量信息，闭目塞听、望洋兴叹固非良策，不分主次、照单全收更无可能。时代快速变化，竞争不断升级，要想克服本领恐慌，防止无知而盲、少知而迷，需尽可能将主流社会的最新智力成果内化于心、外化于行，如此才能更好地顺应时代，提高成功概率。为使读者精准快速地把握分散在万千书卷中的新理念、新策略、新创意、新方法，我们组织编写了这套书。

这套书旨在帮助读者提高阅读质量和效率。我们依托海内外相关知识服务机构十多年的持续积累，博观约取，从经济管理、创业创新、投资理财、营销创意、人际沟通、名企分析等方面选取数百种与时俱进又经世致用的好书分类整合，凝练出版。它们或传播现代经管新知，或讲授实用营销技巧，或聚焦创新创业，或分析成功者要素组合，真知云集，灼见荟萃。期待这些凝聚着当代经济社会管理创新创意亮点的好书，能为提升您的学识见解和能力建设提供优质有效便捷的阅读资源。

聚焦对最新知识的深度加工和闪光点提炼是这套书的突出特点。每本书集中解读 4 种主题相关的代表性好书，以“要点整理”“5 分钟摘要”“主题看板”“关键词解读”“轻松读大师”等栏目精炼呈现各书核心观点，崇真尚实，化繁为简，您可利用各种碎片化时间在赏心悦目中取其精髓。常读常新，明辨笃行，您一定会悟得更深更透，做得更好更快。

好书不厌百回读，熟读深思子自知。作为精准知识服务的一次尝试，我们期待能帮您开启高效率的阅读。让我们一起成长和超越！

目 录

社交媒体现在已经成为推广业务、贩卖商品、确保更好工作机会以及传达信息的最有效的利器。在喊得出名字的任何领域，你在社交媒体中的所作所为，势必会对你的成败造成决定性的影响。经营自媒体，不能只靠砸大钱。一名认真的社交媒体使用者每天应该不断更新。社交媒体就是你24小时全球现场直播的舞台。

创业是一场渴望成功的冒险。计划书，就是化梦想为行动的必要过程。它是我们在梦想和现实之间绞尽脑汁的智慧结晶，更是所有冒险活动必须依赖的圆梦地图。它是教战手册，也是兑现目标的承诺。它也许会成为令人难堪的白纸黑字，但也有可能带给人最值得庆祝的时刻。这一切都在于你如何用计划书让自己的企业腾飞。

创业家正处在一个绝佳的时代，只要有热情和决心你就可以取得所需的技术和资金，应付任何挑战。重点是，你是否有勇气挑战最艰巨的任务，为亿万人解决问题，创造最庞大的商机？指数技术和极大化等技术，可以帮助胸怀大志的创业家点燃梦想，去解决亿万人的难题——而这正是成为亿万富翁的最好方法。

信息时代，忙碌已经成为生活的常态。它的最大威胁是可能让你忙到精疲力竭，却无法完成自己的目标。所以，你应该先做好5个“做与不做”的抉择——这是你在忙碌生活中必须要做的5件事，也代表着你追求卓越的决心。这样，你才能越忙越起劲，最终向自己的目标推进。

社交媒体艺术

The Art of Social Media

Power Tips for Power Users

原著作者简介

盖伊·川崎（Guy Kawasaki），网上设计服务公司肯瓦的首席宣传官，加州大学伯克利分校商学院执行研究员，曾任职于苹果电脑公司、Google摩托罗拉事业单位，亦是几家新创公司的创办人。毕业于斯坦福大学和加州大学洛杉矶分校，并拥有巴布森学院荣誉博士头衔。

佩格·菲茨帕特里克（Peg Fitzpatrick），社交媒体策略家，克洛斯勒公司数字媒体部门主管。她曾为摩托罗拉、Google、奥迪、肯瓦、维珍等公司举行过多次成功的社交媒体宣传活动，也是作家和商界专业人士社交网站“12项最……”（12Most）的总编辑。

本文编译：杨忆晖

主要内容

可随时发声的社交媒体

这是网络时代最令人兴奋也最让人胆战心惊的现象：每个人及企业组织都有公开展现自己的机会和渠道，而且花样愈来愈多，成本也愈来愈低廉。近年来社交媒体的发展更是完全颠覆了过去的传播与沟通方式，使之成为全新的营销战场。

社交媒体已成为商场上推广业务、贩卖商品、寻找更好工作机会或传达几乎所有事物的最有效利器，这点已不言而喻。你在社交媒体中的所有行为，势必对你的营销成败造成决定性的影响。

社交媒体如此兴盛且不容忽视，自然有一大堆学者、作者和顾问迫不及待地想教你怎么做，坊间相关的书籍也数不胜数。但是谁能给你最实用的建议呢？如果一个营销大师说得天花乱坠，他的 Facebook 朋友不多，不玩 IG 也不懂井号标签，你还要听他的吗？相反，如果他是一个已经在各大社交媒体累积近千万粉丝的弄潮儿，你又会怎样觉得呢？

时代弄潮儿现身说法

盖伊·川崎可不是一般人，他是促成 20 世纪 80 年代苹果电脑兴起、20 世纪 90 年代苹果电脑重振雄风的 3 名关键人物之一，与史蒂夫·乔布斯和约翰·史考利并列当时苹果电脑的三巨头，荣登苹果电脑名人堂（Apple Fellow）。

川崎同时也是博客、Twitter、Facebook 及其他许多社交媒体的先行者。《社交媒体艺术》由川崎和他非常推崇的社交达人佩格·菲茨帕特里克合著，教你如何依靠社交媒体取得最大效益。

或许有人会觉得失望，因为经营社交媒体不能只靠砸钱。要在这个新营销战场存活，你必须拥有全方位的技能，包括对自己产品及目标客户

的深刻理解，对现况的即时反应，和粉丝之间的适切互动，并且你还需精通各类社交媒体。

社交媒体经营是一门学无止境的艺术

川崎可以很科学地告诉你，认真的社交媒体使用者平均每天在 Facebook 贴文 3 ~ 4 则，在 Google+ 贴文 8 ~ 10 则，在 LinkedIn 更新 4 则不同的信息，在 Pinterest 发布 10 ~ 12 张图片，在 Twitter 推文 25 次左右。你也可以用这些数据检视自己的状态。除此之外还有许多无法计量的元素可以左右你的成败。

社交媒体是 24 小时的全球现场直播，你手上的麦克风可以让你随时发声，你的粉丝也可以随时给你掌声或嘘声。我们相信你一定不停地在寻找更多的实用秘诀和精辟见解。川崎的成功经验绝对值得你参考。

一　打造你的基地

要善用社交媒体，你必须先夯实基础。你得建立一个稳固的基地，当中要有生动的个人档案、即时更新的个人经历、巨细靡遗的作者页面等。你还得学会如何利用社交媒体工具来有效发布内容并处理留言。

要成为社交媒体的高手，你得先优化 4 项基本要素。

1. 个人档案

所有社交媒体平台都能建立个人档案页面，你可以跟大家说你是谁以及你是做什么的。你的个人档案应有吸引力，使人们愿意留意你在说什么，你要将自己最好的一面呈现出来。

以下是建立个人档案页面的几点提示和建议：

（1）总是采用中性的网名——最好别用怪怪

的名称，它可能会在日后给你造成麻烦。选个好名称且在所有社交媒体平台都持续沿用，这样人们才能认得你。

（2）精心设计你的个人档案，以在5秒钟内快速浏览完毕为限——因为这是人们愿意停留的时间。个人档案中有图、照片和简短自传，要能传达你讨人喜欢、值得信任和健谈的特质。

（3）将大头照的重点集中在脸部——而且要确定照片中的你是迎着光的。你的大头照代表着你本人，因此，在所有平台上都用同一张照片。

（4）提炼一句口号——足以解释你所有特质。

◎盖伊·川崎的口号是："我让人们拥有能力。"

◎联邦快递："我们提供心灵的平静。"

◎Google："全世界的信息人人可用。"

（5）诉说你的故事——图片是最佳的诉说方式，要利用大头照之外第二张大的那张照片来讲故事。在Facebook、Google+和LinkedIn，这叫封面，在Twitter叫页首相片（header）。你要让人们明白对你来说什么才是最重要的。

（6）取得个性化网址——如此你便能以你自己或公司的名义发布信息，而不是用超过20个字母的链接。个性化网址也是展现你才智的重要契机。

（7）完善你的个人档案信息——别只放张首页相片，其他地方却空空如也。就让人们瞧瞧你煞费苦心的力作吧！

（8）摆出专业架势——要在Facebook拥有粉丝专页，而不是只有动态时报，因为粉丝专页的功能更完善且支持更多广告类型。你还可以增加其他管理员，设置高级选项以取得更好的分析数据等。

（9）总是以隐私浏览视窗来匿名查看自己的页面——而不是以使用者身份登录。用这种方式检视你的个人档案及其他信息，可以让你具备与其他人相同的视角。

2. 内容

社交媒体面临的最大挑战，就是要持续发

现足够多的高品质内容以供分享。基本上，你可以有两种做法。

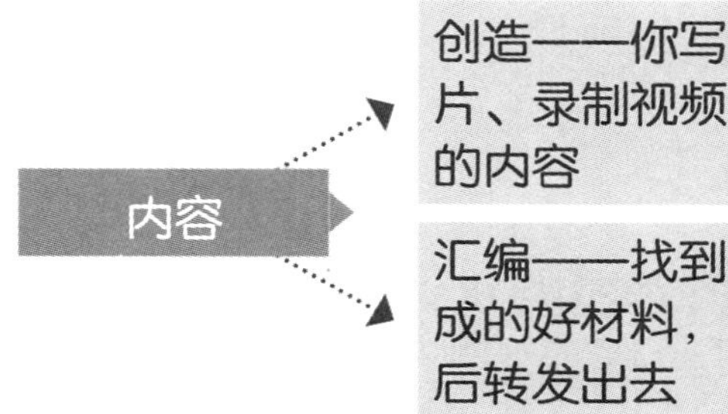

这两种方法都管用，但除非你做好万全准备，否则每一周都要维持两条以上的内容产出将非常辛苦，你的内容也将很可能以那些汇编转发的东西为主。

要发布优质内容，你必须：

（1）计划好在社交媒体上发布什么内容以达成你的目标。

（2）善用编辑日历以组织你的发布计划。

（3）只发布那些高品质的材料，让别人乐于分享。

（4）积极将网友发布的好材料分享并转发出去。

（5）时时注意那些聚合服务平台，它们有许多你可以取用的素材。

（6）留心趋势并赶上潮流，例如Google Trends、Alltop、Facebook和Pinterest都会将时下最流行的话题罗列出来。

（7）从你的名单（Twitter与Facebook）、社交圈和社区（Google+）或群组（Facebook与LinkedIn）中的人们那里获得建言。

（8）有趣的主题、故事和服务等清单要保持活跃状态，时时留心你可能分享的那些主题中出现的有趣素材。

（9）好好利用粉丝对你的产品或服务所提出的心得，与他人分享这些素材。

关键思维

个人档案的目的在于说服人们留意你的社交

媒体活动。本质上，它是一份供全世界查看并评议的履历表。

——盖伊·川崎　佩格·菲茨帕特里克

每个人所提供的建议品质，都必须依他的实际生活品质来评断。

——道格拉斯·亚当斯，英国作家

3. 贴文

为了打造对你的粉丝有价值的好贴文，我们的最佳建议是，你的贴文要：

（1）有用——分享可供娱乐或能帮助读者的信息。

（2）有趣——通盘考虑粉丝的兴趣点，发布他们乐于阅读的内容。

（3）大胆——对某些议题表明立场，将支持你观点的素材分享出去。与你看法不一的人肯定会抱怨，没关系，这比不温不火要好得多。

（4）简短——由于整天都有人突然丢出他的

论点后就消失，因此，简洁有力的论调在社交媒体中向来是无往不利的。

（5）感激——公开感谢你的资料来源并且提供链接，如此你的粉丝才能从中学到更多东西。

（6）视觉化——一定要有照片、图或视频，这可以让点击率提升至少90%。

（7）组织性——将篇幅较长的贴文分出段落或标上序号，让它更易于阅读。

（8）技巧性——运用一些已被证实的确能吸引读者的引导式修辞，像是：

◎“如何……”

◎“……全方位攻略”

◎“十大……”

◎“终极……”

◎“……速成手册”

◎“在……之前先问的问题”

（9）易被发现——多多利用井号标签，将不同来源的贴文链接至同一处。在贴文中加上井号

标签（如 #socialmediatips），以表示这则贴文与某个主题或趋势相关。试着在每则贴文中都加上两三个井号标签吧！

（10）积极——你的目标应该是每天贴文 3～20 则，这是放诸四海皆准的经验法则。认真的社交媒体使用者平均：

◎每天在 Facebook 贴文 3～4 则。

◎每天在 Google+ 贴文 8～10 则。

◎每个工作日在 LinkedIn 更新 4 则不同的信息。

◎每天在 Pinterest 发布 10～12 张图片。

◎每天在 Twitter 推文 25 次左右。

（11）广为散布——运用 Buffer、Hootsuite 或 Post Planner 之类的服务，使内容一准备好就可以自动发布，无须手动。

（12）在整点时发布——因为这是多数人查看社交媒体账户的时间。

（13）做个受人尊敬的好人——乐于施予和

助人，不为别的理由。由此产生的互惠会日积月累，铁定让你大吃一惊。

（14）有所推广——如果确实有可能因此而获利，不妨付钱给第三方来推广你的贴文。

（15）多种语言版本——将即时新闻译成其他语言来发布，看看会有什么效果。

（16）分析——运用 Facebook 的分析功能或 Like Alyzer 之类的工具，以了解你贴文的成效。

（17）好奇——去实际测试你视为“最佳方式”的那些方法，看看是不是真的那么好用。通过实验找出对你最管用的方式。

（18）抗拒 SEO——别为了让自己的 Google 排名攀升到它不配享有的高度而费尽心机，搜索引擎最佳化（Search Engine Optimization，SEO）的策略大多是障眼法。创造、汇编和分享好材料，然后让 Google 来发现你，这才是你应该做的事。

（19）匿名浏览——在浏览器上总以隐私浏

览视窗来查看你的贴文，如此你才能用和他人同样的角度观看这些信息。

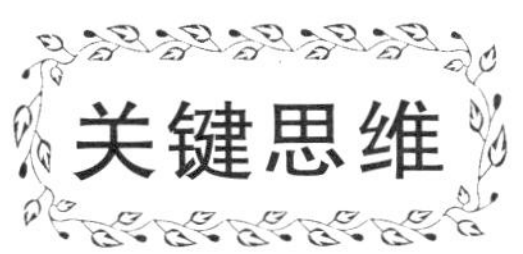

关键思维

基本上，社交媒体很简单：若你分享的是好材料，人们便会将它分享出去，你就能从中得到更多互动和粉丝。但若不能把每件事做到最优，这便是妄想。

——盖伊·川崎　佩格·菲茨帕特里克

4. 留言

只要使用社交媒体，你都会得到正面和负面的留言。处理正面留言很容易，但无可避免你也得处理负面留言。

要应对给你负面留言的人，以下是最佳建议：

（1）总是关照到所有人——回复要得体。许多人会在暗地里埋伏，观察你如何“灭火”。记得每次都要表现得既有礼貌又专业。

（2）先假设所有的人都是好人，直到证明情况并非如此——所以别太敏感，切记三思而后行。要保持积极愉悦的心境，即使对方只是泛泛之辈或是显然想引诱你走向黑暗面。

（3）随时准备好接受他人的不同意见——这将展现出你的开放大度，同时还能气疯那些网上恶霸。

（4）若有人发表强烈的负面意见，切记问问关键问题——“你是本人实际遇到这问题吗？”他们到底是真抱怨，还是纯粹想通过闹事而引人注目？问完这问题，便会真相大白。

（5）绝对不要和某个人过招超过三回合——你贴文、他们留言（第一回合）；你回复（第二回合）；他们对你的回复留言（第三回合）。就到此为止吧，千万别陷入没完没了的你来我往的恶斗中，这对大家都没好处。

（6）假如所有方法都失败了——最后手段是忽略、删除、拉黑、上报恶意攻击或垃圾信息。

你没有道德义务要跟网络世界的疯子交战，然后把自己降低到和他们一样的水准，这可是一点好处也没有。因此，将那些恶意攻击者和垃圾信息散布者加上标记，继续前行吧！

关键思维

回应留言是十分直接的营销方式，但得辛勤耕耘，这绝对不容易。

——盖伊·川崎　佩格·菲茨帕特里克

不要把什么事都当做和自己有关，别人的所作所为不会是因为你。他们的行为，只是他们自己的真实和梦想的投射。

——唐·米格尔·鲁兹，墨西哥作家

二　汇集数字资源

当你即将执行一个项目时，你就得开始搜集那些可以用于社交媒体平台并可以有效强化你所说之事的那些数字资源。内容包括与主题有关的视频片段、博客贴文、信息文章、可用的引述和图片等等。之后你便能把这些资源放到社交媒体的网站上，蓄势待发。

有大量各式各样的数字资源可用于社交媒体，你应该专注于收集下列 3 种主要数字资源：

1. 博客

在过去，博客和社交媒体是各自分离的。博客的内容篇幅长、认真且精心打造，社交媒体则篇幅较短、随心所欲又没什么结构。如今，人们普遍认为博客和社交媒体共存且互补。现在的运用技巧是用博客来丰富你在社交媒体的表现，用

社交媒体来推广博客。一旦两者紧密结合，你便会看到神奇效果。

以下是将博客与社交媒体引导到同一方向的一些建议：

（1）自己动手策划——在你的社交媒体贴文中加上链接，链至你博客里的好材料，帮助人们找到你的博客。

（2）增添点色彩和戏剧效果——社交媒体的贴文总要放上图片并链接到你的博客。社交媒体是视觉化的，所以要加上图片来引起大家的兴趣和注意。

（3）将社交媒体的分享按钮整合至你的博客文章里——如此一来，读者轻易就能与朋友们分享他们的发现。有项名为 ShareThis 的产品能够让你很容易就在贴文里安装多种社交媒体的分享按钮，Flare 也有相同功能。

（4）同样，要诱使人们在社交媒体关注你——在博客加入一些链至你社交媒体账户的链接，让人们日后能通过这些链接轻轻松松就从你这里得到更多优质内容。所有玩家现在都是这么做的，它既不庸俗，也不流于过度宣传。

（5）为博客贴文做些实质推广——每次在博客贴文时，也在 Pinterest 贴文并链至博客。要提醒读者可以“先订后用”，作为你的行动呼吁。还有一项 Click To Tweet 服务，能让你在博客贴文或电子邮件中嵌入链接。一点下去，人们就能编辑一段推文并立即发出，这是促使读者采取行动的良方。

（6）让你的博客加入最受欢迎的聚合网站名单之中——如 Alltop，这能让你拥有所属领域的专家身份。

（7）开始建立并维护你自己的电子邮件名单——可以利用如 MailChimp 这样的服务来管理。邮件的主题要能吸引人，而且你要在信件开头固定放置一个设计好的特制图案。最理想的邮件长度是不超过 5 句话。只要表明重点就可

以发送，同时别忘了利用签名来链至你的博客和社交媒体账户。

（8）为其他人撰写访客贴文——选择特定的主题和有趣的内容来撰写。在别人的社交媒体账户中贴文，可让自己在他们的粉丝面前曝光，增强你身为所属领域专家的可信度。

（9）有效运用——将你最受欢迎的博客贴文转换成 SlideShare 简报，这么做可创造更多曝光机会，让更多人知道你在做什么。

（10）加入一些博客联盟——博主在那里分享彼此的故事。这样，你的博客就可能有数以百万计的访客能看到，而不仅限于你的粉丝。

（11）将社交媒体贴文直接嵌入你的博客里——如此可以提醒人们你有多种链接方式。

（12）看看能否让人们用其社交媒体账户来登录你的网站或你的服务——这样你将得到十分精确的、可用于日后追踪的名单。

（13）举办一些线下会议或活动——与你的

粉丝来场面对面的聚会，以建立并加深你们的关系。

只要好好运用这些点子，你就能拟出计划，善用因为博客及社交媒体往同方向走而产生的协同效应。最理想的情况是你能提出一份流程或核对清单，确保当你在博客上传任何内容时，表达出所有该表达的东西。

2. 活动

活动是你的社交媒体营销的超级充电器，它提供了惊人的宣传力度与价值。以下为充分利用活动的妙方：

（1）建立一个短的井号标签——容易记住的标签，希望它能引领潮流并造成波动。试着建立一个历久不衰且通用的井号标签，比如说不要用 #MotoXBrasil2013，改用 #MotoX。这样，你就可以经常使用它。

（2）将你的井号标签放进每种推广方式中——如网站、广告、印刷品等等，要求所有人

在活动期间都使用它。

（3）找人代言你在社交媒体上的行动——将他指定为你的正式活动代言人，让他在活动开始之前、活动当中和活动结束之后推文或贴文推广。

（4）网上视频直播你的活动——使世界另一端的人也能够同时参与。如果你办的活动质量很高，人们甚至愿意付费到现场参与，而不是只观看视频。

（5）提供即时详尽的更新——也就是当下发生的事，这便是Twitter和Instagram之所以如此受欢迎的原因，别忘了在你的博客上也要这么做。学习一下这个领域的专家The Verge是怎么操作的吧！

（6）在你的活动现场显示Twitter即时视频——通过网络服务显示含有你井号标签的所有推文。

（7）让参与你活动的人免费使用无线网

络——并且鼓励大家任意使用，网络千万不要加密保护。

（8）提供可让人们拍照的好场景——光线好，而且有个到处都是你井号标签的背景。你可以非常确定的是，若有人不辞辛劳地拍了照片，就一定会把它分享在他们的社交媒体账户上。

（9）聘请专业摄影师——让他们在现场四处拍照，将这些高品质照片放在档案分享网站上，并发送电子邮件给活动参与者说明下载方式。人们几乎肯定会分享这些有他们参与其中的照片，而你也希望所有的分享都夹带了你活动的井号标签。

（10）请公司高层游走现场——他们要回答普通活动参与者所提的问题，而不是只在记者会上匆匆来去同时也不大回答提问。当你的公司高层在参与者之间游走时，要请他们积极同人们合照并且要求公开分享这些照片，你会发现没人能拒绝这个要求，而这些照片最终将会在社交媒体

中分享流传。

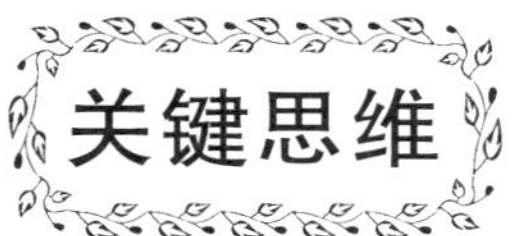

关键思维

我每年到场致词的活动不下 50 场。我观察到多数组织都不太会利用社交媒体来增加活动的宣传力度与价值。它们将焦点摆在活动之前的推广手法上以期引起注意，在社交媒体上反倒没做什么跟活动本身有关的事。

——盖伊·川崎

阅读使人完整，讨论使人敏捷，写作使人精确。

——弗朗西斯·培根，作家、哲学家

社交媒体上只存在两种人：想拥有更多粉丝的人与正在说谎的人。

——盖伊·川崎　佩格·菲茨帕特里克

3. 粉丝

要获得更多粉丝，方法其实很简单：

（1）总是分享好材料——这种方式的成功率通常能到90%，你所尝试的所有其他方式几乎都只是微调与小修。因优质内容而享有盛誉，然后你就会吸引粉丝。

（2）新的社交媒体平台一旦出现，便马上跳上去——而且要趁它尚未成功时就快速跳上。在新的平台上累积粉丝向来会较容易，因为竞争和噪声都比较少。要让自己在好的新兴平台上成为“新星”。一旦这个平台的用户量达到临界值，你便能顺势攀上高峰。

关键思维

唐·米格尔·鲁兹和他的儿子唐·荷西·鲁兹将以下精简法则奉为个人行为准则：

◎让自己所说的话无可挑剔。

◎不要把什么事都当成和自己有关。

◎别预设立场。

◎总是尽己所能。

◎怀疑一切，但学习倾听。

关于如何运用社交媒体，我们无法提出比这些更好的建议了，无论社交媒体有多大改变，这套法则始终能让人受用不尽。

——盖伊·川崎

欺骗 Google 是没用的，你应该让 Google 的功能发挥到极致：把好材料都找出来。所以，别管 SEO（搜索引擎最佳化）那套巫术了，将心力放在创造、汇编和分享好材料上吧！

——盖伊·川崎　佩格·菲茨帕特里克

三 根据需求进入市场

一旦打造好基地，数字资源也开发完成，你就完全有能力利用社交媒体来发布你的产品或根据需求适时进入市场。这便是社交媒体的美妙之处。只要把各个要件放在合适的位置，社交媒体即可为你的事业带来莫大助益。要定期利用社交媒体来进入市场。

1.Google+

Google+ 以一种令人印象深刻的方式撼动着社交媒体，即所谓的 Google+ Hangouts 直播（Google+ Hangouts on Air, HOA），图图大主教都用它向成千上万的民众谈过话，你自然也不要错过它的神奇魅力。

实际上，Google+ HOA 就是一种公开的视频播放，它会通过你的 Google+ 页面和 YouTube 频

道来播放，Google 上有详尽说明来讲述如何在网上有效操作 HOA。

充分利用 HOA 的秘诀如下：

（1）取得合适的配备——正规的网络摄像头和耳麦要比笔记本电脑上的摄像头强多了。必须确定你在摄像头前容光焕发，背景也要干干净净。

（2）编写脚本——HOA 播放期间每个时间点必须出现的事项列表。

（3）在 Google+ 里开一个活动页面——这能让人们将你的 HOA 加进 Google 日历，并在播放时间快到时提醒。

（4）打造自己特制的首页图片或标题列——利用 Hangout Toolbox 的工具吧，这些方便好用的工具将使你的 HOA 看起来非常专业。

（5）为你的 HOA 制作一则短短的预告片——并在你的其他社交媒体账户里摆上链接。

（6）邀请大家共襄盛举——可通过 Google+

的 +mentions 功能或发送电子邮件，使所有演说者手边一直拥有 HOA 地址链接，以便在断线后能够回来。

HOA 最让人称道的，就是并不只有 Google+ 会员才能观看。你可以在你的博客或网站上加上一段代码，使每个人都能参与其中。此外如 22Social 之类的服务也可以让人们在 Facebook 上观看 HOA。

要想你的 HOA 达到专业水准，你得先让你的演说者准备好，过程才会顺利。要确定他穿了单色衣服，因为条纹衬衫在视频中会变成波浪状，影响观看。

列出一张清单来确认你的 HOA 演说者已做好准备。

◎你有 Google+ 账户吗？

◎你知道你的 Google 密码吗？

◎你有网络摄像头或照相机吗？

◎镜头前有足够的光源吗？

◎你有麦克风或耳麦吗?

◎你已安装 Google+ HOA 应用程序了吗?

◎你现在的地方是否足够安静?

◎会有小孩或宠物来干扰你吗?

◎你的手机关机了吗?

正式开始 HOA 前先排练一下，肯定是上上策，这能让你确认万事皆已具备，还能避免你的演说者对 HOA 的界面感到困惑。

要注意的是，若之前 HOA 就已经链至你的 Google+ 页面和 YouTube 频道，那么你的 HOA 不仅会被播送出去，也能被存档以供后续观看。如此一来，你就强化了信息传递的效果。

HOA 能实现你在网络上播放自己电视节目的构想，你可以无拘无束地用任何方式将你的产品和服务昭告天下。你也可以在之后编辑 HOA 的存档版本，同时加上之前的链接和其他相关素材。

除了 HOA，别忘了 Google+ 还能让你操作一般的 Hangouts 视频。你还可以利用 Google+ 所提供的其他工具，如 Ripples、comments、+1s 等，这些利器绝对可以替你再加把劲儿。需注意的是，当 Google+ 会员在你的 YouTube 视频留言时，视频和留言都会出现在他们的 Google+ 上，这对你素材的传播来说肯定是值得的，Google+ 在这个领域特别厉害。

Google+HOA 让你仿佛拥有自己的电视频道，这是 Facebook、Twitter、Pinterest 或 LinkedIn 所办不到的。

关键思维

社交媒体有 5 个 P：Google+ 是热情（passions），Facebook 在服务人群（people），LinkedIn 是在改头换面（pimping），Pinterest 是专为图片打造（pictures），Twitter 则是为了感知（perception）。不妨把这个和菲尔·科特勒的 5P 对照一下。

——盖伊·川崎

总会有人抱怨你分享的太多或是所分享的不

全然是他们想要的，这就是我所说的“网络特权症候群”（Internet Entitlement Syndrome）。患者们深信一切信息都应该免费，而且理应都是替他们量身打造的，因为他们是宇宙的中心——哥白尼就谴责过这种人。我的理论是，每有一个罹患网络特权症候群的人，就有100个尊奉互惠原则的好人。

——盖伊·川崎　佩格·菲茨帕特里克

2.Facebook

Facebook实在是庞大到不容忽略。现在，你可以将视频嵌入你的Facebook个人档案中，这很不错。虽然视频只出现在一个小视窗里，但至少它在动态消息中会自动播放。这很能吸引眼球，也是替你的Facebook贴文增添趣味的好方法。

Facebook内置了粉丝专页洞察报告（Page Insights）分析工具，你要利用它找出对你的账户最管用的事物，然后想出办法做得更好。在取得

追踪者的统计数据后，你就可以发布更多吸引人的内容。你还该试试在你的贴文中加上图片、视频及其他吸引眼球的东西，看看哪种有效。

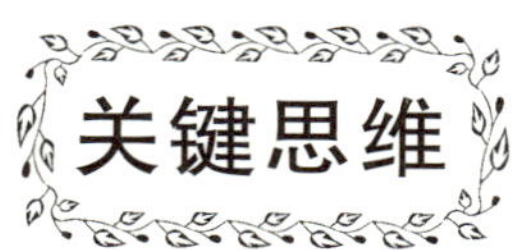
关键思维

相较于其他平台，我们实在想不出 Facebook 贴文要怎样利用才最有效益。我们建议你持续试验下去，因为没有人知道 Facebook 想要的是什么，或许只有马克·扎克伯格知道吧！

——盖伊·川崎　佩格·菲茨帕特里克

3.Instagram

Instagram 让你直接分享用手机或平板电脑拍的照片，所以步骤比较简单一点。你拍完照片，加上 5～10 个字的名称（愈风趣愈好），再加两三个井号标签，就可以分享了。

Instagram 在使用现在正风行的井号标签时特别管用，你可以用 TagForLikes、Populagram 或

Insttag 等服务找出最受欢迎的井号标签，然后加入对话。

你也可以在博客或网站上加挂 Instagram 小工具，好让人们登录，这样每当你在 Instagram 贴文时他们便会收到通知。

不过得小心的是，别将 Instagram 变成你的个人动态公告。少许的自拍、旅游照片或美食照片没问题，但是放太多就显得乏味了。最好能利用 Instagram 的照片来说一些有趣的视觉故事，而不是展示战利品。使用 Instagram 时请保持低调，不要明目张胆地过度自我推销。

要想让拼贴照片在 Instagream 上取得好效果，可利用 Color Splash、Diptic 或 Snapseed 来完成。

4.LinkedIn

LinkedIn 是迄今为止最严肃的专业社交网站，若你想找新东家或事业伙伴，在 LinkedIn 发文就对了。宠物照片或随性所至的 YouTube 视频就免了，那不适合 LinkedIn。

如果你持续关注着几个核心主题，LinkedIn将能发挥最大效用。记得在分享内容或转发文章时，局限在2～3个你所擅长的相关领域就行了。你的目的是展现出对所擅长领域的创新思维，而非表示自己是个样样都懂的通才。

LinkedIn有个制式的交友邀请信息："希望您能成为我的LinkedIn联络人。"然而，正因为几乎每个人所发出的都一样，所以它往往会被忽略。其实你可以选择自制交友邀请信息，只要花点时间和力气，你就会发现有更多人接受你的邀请。

LinkedIn的社团很有特色，应该多加利用。它是认识新朋友、拓展人脉和讨论有趣主题的极佳方式。记得确保你的个人档案始终维持在最新状态，并加上令人印象深刻的视频访谈及你所举办的Google+ Hangouts直播。LinkedIn也允许分享SlideShare简报，你可将它嵌入较长篇幅的贴文里，这将很特别。

5.Pinterest

Pinterest 和 Instagram 完全不同，除非你是能拍出高品质照片的专业摄影师，否则你不该把私人照片钉在 Pinterest 上。Pinterest 是让人目不转睛的完美展示场所。

Pinterest 的一大特点是它的钉板并非全部公开，你可以设定秘密钉板，跟别人私下协作，等你准备妥当后再更改钉板状态，将它公诸于世。

在 Pinterest 上你通常得逆向操作：当你把图片钉上钉板时，最后钉的那张一定出现在左上角，就好像它是第一张一样。所以你得事先规划好，确定左上角你最后钉的那一张的确是你想要的。

Pinterest 钉板可以设为秘密或公开，也可以设为协作或群组，协作钉板可供你的伙伴钉上自己的图。群组钉板能设定成具有资源功能，允许其他人从中获取好用的钉图。

要记住，Pinterest 允许你转动钉板。一般而言，人们会把最受欢迎的钉板放在最上方。你也可以在年度节庆等适当时机把度假或其他主题的钉板移到最上方，以突显气氛。你可以利用Tailwind这类的应用程序去分析出哪个钉板最受欢迎。

确定你在每个钉板的描述中都放了关键词和好标题，这样人们才能通过Pinterest特殊的导引搜索功能找到你。要清楚告诉大家每个钉板是什么，他们才能决定是否要关注你。

准备用Twitter推你的钉图时，加上链接是个好主意，这样人们就会被引导到你的作品。但要小心，别在新钉板上钉了一张图后就弃之不顾了。最好是在建立新钉板后数周内先专心把它做好，之后再做下一个钉板。

Pinterest的钉板封面随时可换，这点真是很不赖，可以维持新鲜感和趣味性。记得时常这么做，你就能创造吸引人的全面视觉信息。

Pinterest现在还提供了一些好工具，强化了

使用者的整体经验：

◎ iOS 版 Pinterest——能在 Apple 设备上观赏、钉图。

◎ Android 版 Pinterest——在 Android 设备上也能做同样的事。

◎ “Pin It”按钮，让人们可以在你的网站或博客中下载钉图。

◎ “Pin It”插件，能将你的钉图嵌入自己的网站或博客里。

◎另一个插件可以让你把 30 张最新钉图嵌入你的网站或博客中。

6.SlideShare

一开始你可能会想把 PowerPoint 文件直接贴到 SlideShare，但效果不佳，为什么呢？因为 SlideShare 是没有声音的。一个好的 PowerPoint 文件会使用尽可能少的文字，所以若没有负责报告的人在一旁评论和解说，绝大部分 PPT 看起来都会有点难以理解。

切记，你必须将 PowerPoint 文件重新制作为 SlideShare 格式，我们的建议是：

◎建立引人注意的封面页——足以吸引人们点击进去。

◎将你博客的素材再利用于 SlideShare——通常效果不错。你可以增加更多细节，补充你在博文中约略带过的内容。

◎替你的 SlideShare 起个吸引眼球的标题——要包含直白的关键词以吸引读者。

◎确定填妥说明文字——这是你的简报概要，你最多可以用 3000 字来陈述，所以要尽可能详细填写，例如素材原先出现在什么地方，等等。

◎分类——确保你已做好分类，总共 40 种类别。

◎标签——最多能加上 20 个。研究显示，标签可让关注度提高 30% 以上。

◎在最后一页加入行动呼吁——将它设计为链至其他 SlideShare 简报或你博客的超链接，你也

可以在上面邀请人们在其他社交媒体平台关注你。

◎清楚 SlideShare 的运用方式——你应该在 Twitter、Pinterest 和 LinkedIn 中嵌入 SlideShare 简报，那样看起来绝对会很出色。但这招在 Google+ 或 Facebook 上可行不通。在那里最好是将你的 SlideShare 封面页截图放上去，再把它链至你的 SlideShare。

7.Twitter

Twitter 如今俨然已经成为了网络即时新闻的传播平台，以下是成为 Twitter 高手的秘诀。

◎总是在推文中加上图片——Twitter 允许你在每则推文中最多放 4 张图，图片能让人在读取你的信息时印象更为深刻。

◎将图片中的人物圈出来——被圈的人会收到通知，而且可能也会告诉他们的粉丝，联系便随之产生了。

◎别害怕重复推文——许多研究显示，重复推文 4 次可提高超过 400% 的点阅率。

◎彻底摸熟定址推文之术——如此你就能拓展你的 Twitter 圈。若你 @BigCEO，那么只有同时关注你和 BigCEO 的人看得到。但如果你将其写作“.@BigCEO”（注意：@BigCEO 之前有个小点），那么每个关注你的人就都能看到它了，这对于你想针对曾说过的某件事做公开回复时很有帮助。若想让全世界看到你的推文，就在名称前加个点吧！

◎开启你 Twitter 账户的提醒功能——当有重要事件发生时，你就会接到电子邮件通知，好让你与时俱进。

◎加上 Twitter 名片——你必须在博客或网站上加几行 HTML 代码。这样当人们发文链至你的博客或网站时，你的名片便会附加到推文上，让发文人的所有粉丝都能看到。这张名片可以放照片、图片、移动设备应用程序下载链接、视频或音频文件、产品信息等。你也可以利用 Twitter 名片来进行分析，协助改善你的推文效益。

8.YouTube

YouTube目前是最受欢迎的搜索引擎之一，仅次于Google。想要在这个社交媒体平台中无往不利，你该做的是：

◎确保你的YouTube个人档案完整——如此人们在看你的视频时，才知道你是什么样的人。再链接至你网站和其他社交媒体账户，此外，把你发文的时间表也放上去。

◎制作频道预告片——它是你YouTube频道的简短广告，也可以作为人们造访你的频道首页时会看到的“迎宾”视频。

◎打造片头和片尾——片头是很短的片段（约3～4秒），带有音效、你的照片或专属标志，每次视频开始播放便会先看到它。片尾是相同的东西，放在视频的最后，片头和片尾都能替你的专业度加分。

◎组织你的YouTube内容——内容要分段分节，并替每部视频加上关键词或描述性文字。

◎回复观看者的留言——这不是件容易的事，但跟其他平台比起来你更应这么做，如此才能在这个平台上吸引粉丝。

◎定期发布视频——如此，你便可以“培养”人们在每个星期同一时间来到你频道的习惯。

事业计划书

企业起飞手册

Write Your Business Plan

Get Your Plan in Place and
Your Business off the Ground

原著作者简介

企业家媒体集团（Entrepreneur Media, Inc.），成员包括《企业家》杂志、企业家网站、企业家出版社和EntrepreneurEnEspanol.com，作为中小型企业的成功先锋已长达30多年，指引了数百万企业家创业成功。曾出版商业畅销书《开创你自己的事业》。《企业起飞手册》则是为了带领有抱负的企业家，通过开创新事业行动，让构想形诸书面，并且精致到足以影响潜在的投资者和其他人。

本文编译：黄玩

主要内容

谋定而后动乃成功法则

拥有创业的雄心壮志，不意味就能成功；拥有辉煌的百年基业，也不意味永远常青。为了实现梦想、为了迎接挑战，谋定而后动是成功典范的不变法则。

创业是一场渴望成功的冒险，身为队长的你，会毫无计划地带领团队横冲直撞吗？即便是事业经营有成，面对未来的更多挑战，又有谁会不未雨绸缪，只期盼好运降临呢？

二次大战期间，美国著名将领艾森豪威尔将军曾说过一句名言："Plans are nothing，planning is everything."一语道破"计划"的根本价值在于持续计划的动态过程，而不是写完后束之高阁。我们现在很容易对撰写计划露出轻蔑的态度，无疑是因为看了太多计划书跟事实脱节的案例，完全忘记了它是我们在梦想和现实之间绞尽脑汁的智慧结晶，更是所有冒险行动必须依赖的圆梦地图。

事业计划书是沟通的利器

因为无法完全凭一己之力实现梦想，所以我们需要一个沟通的工具用来跟所有关系人对话。其中包括你自己——你总得先说服自己才可能取信别人。然后是你想取得赞助或合作的对象，包括银行家、创投家、员工、供应商、政府单位等等。如果你想进行众筹，甚至得在产品计划阶段就和顾客沟通。

因此，你得根据实际需求和适用场合编制不同版本的计划书，而不能单靠一套剧本就想打通关。这个道理很简单，因为沟通的对象不同，想从对方身上获得的资源也不同，你当然就得变换沟通方式，强调不同的重点，以便建立最适当的关系。特别是在大家都很忙碌的状态下，厚重的计划书未必能彰显能力，量身打造的计划书才代表最大的诚意。

事业计划书是圆梦的工具

要想事业经营有成，影响因素固然很多，面对快速变化的环境，我们还是偏好采取稳健的步伐。《事业计划书》作者是美国企业家媒体集团的编辑群。超过30年服务数百万企业家和中小企业主的经验，让他们熟知从创业到退休的各项议题，擅长提供务实而精准的建议。

而这份务实的态度，或许正是研拟计划应该具备的心态。因为事业规模不论大小，都不是自己一个人的事。你必须从规划产品、策略、市场、团队及机会的过程中不断模拟操练，事先准备多个版本及方案以备不时之需。

一旦进入实战，你的事业计划书不仅是教战手册，也是你兑现目标的承诺。它也许会变成令人难堪的白纸黑字，让你看见计划与现实的差距。但这也是最值得庆祝的时刻，因为你终于得到了最宝贵的经验，能以更充分的信息来调整和变更计划。

计划生变是常态，过去我们习惯把它看成“失败”，然而，这是对计划的根本误解。装订得完美无瑕的计划书经常让我们误以为它是不可改变的，但是只要你认同艾森豪威尔将军那句名言，你就应该摆脱这种想法，把计划当成持续演变的过程。只要你仍旧怀抱梦想，你的脑袋就应该随时都在为实现美梦的行动做计划，难道不是吗？

一　撰写事业计划书之前

事业计划书实际上就是让你以书面形式来描述自己所设想的未来事业。在撰写你的事业计划书之前，要仔细考虑并计划自己该如何做才会事业兴旺。厘清你事业计划书的用途，然后有针对性地撰写。记住一份计划无法适用于所有的环境和场景，所以你要准备好不同版本以供使用。

事业计划书的内容与作用

好的事业计划书就像是路线图，它为你描绘出该如何从目前位置前往未来想到达的地方。因此事业计划书本身就具有策略性。你的事业计划书必须包含以下所有部分：

◎你的基本事业概念以及你计划做些什么来获得成功。

◎你计划实施的策略以及你将如何进行。

◎你的产品和服务方案。

◎你想追求的市场以及营销手段。

◎你的经营团队以及关键员工的长处。

◎你目前和未来的财务需求。

你的事业计划书通常会用大约15~25页的篇幅，涵盖以上所有及其他更多主题，接着你可以在不同章节中再加上自己的财务预测和补充信息。你的篇幅应保持平衡。如果事业计划书过于冗长，就不会有人想读它。相反，如果你想凭一两页的事业计划书就募集100万美元的财务支持，那也会是一项挑战。你的事业计划书篇幅必须足以取得信任，但又不能有太多细节而使读者迷失。

大多数人都认为事业计划书只和新创事业募资有关，但是它还会对其他许多情况有帮助：

◎既有企业可以通过编写事业计划书来厘清前进到下一阶段的必要事项，吸引新的供应商和伙伴。

◎如果你决定并购一家企业，它的事业计划书可以帮助你决定该企业的真正市场价值。

◎如果你的事业正面临一项可能引发重大成长的改变，你就应该编写一份如何向前迈进的事业计划书。

◎如果想吸引扩张所需的新员工或外部资金，你的事业计划书便可以成为讨论的核心。一份说明你前进方向的简要事业计划书，将会是巨大的助益。

但要小心记住，事业计划书也有做不到的事：

◎事业计划书无法预测未来——它只能确实描述当真实世界出现了某一种或两种场景时，将会产生什么结果。

◎拥有事业计划书无法保证你取得资金——能否取得资金受太多的外部因素影响，一份事业计划书可以让你加入战局，但仅此而已。

◎即使是绝佳的事业计划书，也无法保证你在任何特定时间都能募集到所需的全部资金——到最后你无法得到自己事业计划书中要求的资金，这种情况发生的几率事实上是相当高的。

◎一份乐观的事业计划书无法糊弄有经验的投资者——他们在远处就能够辨别过分夸大的预测、任何显眼的弱点以及你在逻辑上的不一致。

厘清目标

在你撰写自己的事业计划书前，重要的是花时间厘清自己的目的和目标是什么。

（1）你写这份计划是为了募资吗——如果是，你需要良好的执行摘要、经营团队章节、强有力的营销和财务篇章，你还必须详细说明你的公司将如何赚钱，并向初期投资者建议退场策略。

（2）你是想吸引新人才吗——这时，你应该强调未来的认股权、办公地点、企业文化以及成长和晋升的机会。如果机会存在，你也可以提及上市的可能性。

（3）你是想保住优良的供应商吗——这时你的事业计划书应该强调你的顾客名单和现金流，

你要让人确信你支付应收账款的能力完美无瑕，因此你是值得交易的优质顾客。

（4）你的目标是让主要顾客相信你是可靠的供应商吗——如果是这样，撰写事业计划书时要强调你过去的记录、持久力、创新历史和独特技能。在这个版本的事业计划书中，对你现有的顾客关系可能要轻描淡写。

（5）你的计划只用于公司内部吗——如果你撰写事业计划书是为了确保全体员工有相同的认知，那么你应该强调里程碑、标杆和其他用来评估未来表现的标准。

事业计划书拥有如此多种不同的用途，因此你最终的计划应该有好几个版本。这样的话，你就可以在前进时以不同方式改变事业计划书的用途。一份事业计划书从来都不是多用途的，所以别尝试撰写通用版本。在你开始之前先厘清自己的目的和目标，然后再确定（就大方向）自己应该采取的途径。

包装事业计划书

你的事业计划书除了要有不同的版本（一旦完成之后），可能还需要用不同的方式加以包装，例如：

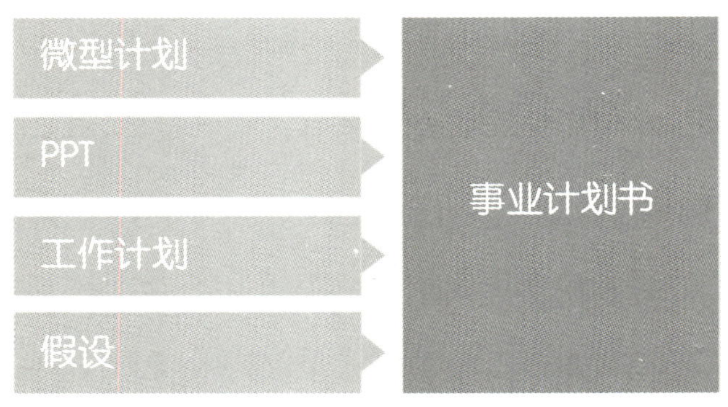

（1）微型计划版本——并不是每一个人都想深入阅读你的详细事业计划书，很多收件人比较喜欢可以下载到手机或平板电脑的微型计划版本，这种版本将每一章节中可以突显计划要旨的重点列出来。

（2）PPT 版本——如果你是为了募资进行推销，或许就要用 PPT 而不是书面格式来呈现你

的事业计划。你应该在 20 分钟或更少时间内演示完毕。把事业计划转换成 PPT 的好方法是 10-20-30 格式：将一切内容装进 10 张幻灯片，讲解 20 分钟，包含 30 个重点。

10-20-30

1. 标题幻灯片——你公司的细节
2. 你预定要解决的问题
3. 简单叙述你的解决方案
4. 你将如何赚钱——你的商业模式
5. 你的营运计划
6. 你的营销计划
7. 关键的竞争者和你的竞争优势
8. 你的创办人和经营团队
9. 财务状况——3 ~ 5 年的预测
10. 你现在的位置和目前已达成的里程碑

（3）工作计划版本——工作计划更多是用于内部营运而非外部筹资。你的工作计划将会有很多营运细节，对于演示则较少关注，在工作计划中也不会包含执行摘要或是产品简介。因为这种计划只会在内部使用，所以你的叙述方式可以很直率且非正式。

（4）假设版本——你可能还需要准备事业计划书的应变版本，用它来描述当最佳或最坏情况发生时可能产生的结果。这些都是你计划的预测版，用来帮助你整理自己的想法并做好准备。

会有各式各样的人阅读你的事业计划书，从银行家、创投家到员工、供应商。到最后你很可能需要好几种版本和格式的计划以对应不同的目标受众。

现实是你的事业计划书就是资金募集游戏的入场券。当你没有好的事业计划书时，很多投资者就不会考虑你的构想。好的事业计划书可以协助你更快速、更完整且更顺利地募集到所需的资金。

考虑具体对象

如果你想得到让新事业起飞所需的投资资

金，撰写事业计划书会迫使你思考得很具体。它会协助你判断你的商业冒险在经济上是否合理以及它是否能让身为创办人的你得到想要的回报。一份事业计划书会提供测试自己构想和假设的机会。它也是检验你是否考虑周全的好方法。

当你面对募集开创新事业所需资金的挑战时，乍看之下投资人似乎非常稀少。但现实是潜在投资人形形色色，每一位都有其独特的需求。如果你的计划合理，事实上机会就相当多，你将会很容易找到愿意帮助你解决财务需求的人。

你可以向下列可能的资金来源分发你的事业计划书：

（1）你的自有资源——存款和投资等等。你可以写一份事业计划书来厘清自己的想法，确定你的构想在书面上是合理的。大多数投资人在下赌注之前，都期待你自己也有投资。

（2）朋友和家人——和你最熟也最愿意协助你成功的一群人。其他投资人会想知道：如果这项投资如此吸引人，为什么你没有在一开始就让朋友加入？事业计划书非常适合用来告诉朋友和家人。

（3）众筹——利用网站从拥有资源的各种各样的投资人团体吸引资金，很多公司正转向Kickstarter、Indiegogo和其他平台募集它们的创业资金。这类投资人倾向于凭感觉进行投资，而不是阅读详细的事业计划书，然而这种方式可以募到高达数十亿美元的创业资金。

（4）银行——它会以市场成本提供小到中型额度的资金。银行通常是从事贷款而不是投资，它们要的是报酬而不是股权，并且会要求抵押

物以保证其贷款安全。如果你拥有抵押物、良好的现金流和强劲的经营团队，这将会是一个可能的选择。

（5）天使投资人——很多成功人士想通过成为新进企业的初期投资者这种方式来取得回报。他们通常会提供指导并将你介绍给业界中有影响力的人士。如果天使投资人相信你，他们就会成为资金和建议的绝佳来源。

（6）创投家——这绝对是最具魅力的资金来源，他们能提供种子资金、创业资金或后期投资。他们有要求大块股权的坏名声，但同时也能够提供贷款。所有创投家都在追求惊人的报酬率以及能在适当时机变现的退场策略。

（7）首次公开发行（IPOs）——近来有一些处于早期阶段的公司，在还没有具体营收来源之时就公开发行并创造了惊人的财富。它绝非最便宜或最简单的募资方式，但如果你的事业计划具有足够的野心，或许可以用公开发行取得资金。

（8）债券——与其向一位投资人要求 5 万美元，你不如发行 50 张 1000 美元面额的债券。债券要求你在一段期间内支付定额的利息，并且于特定日期返还票面金额给买方。债券受到高度监管，但它是另一种可行的募资选项。

（9）交易债权人——它是一种间接的资金来源，亦即接洽你的供应商以协商延长或延后的付款条件。交易授信具有各种不同形式和规模，并且会对你企业的现金流产生重大影响。

当你认真接触以上任何一种来源时，对方要看的第一样东西就是你的事业计划书。如果你没有一份计划，那就连一点机会都不会有。至于有人只看了你的事业计划书就决定要和你合作或给你提供资金，这种状况虽然有却非常罕见。对方在认真考虑投资之前还是会想和你谈谈并了解一下你这个人。

事实上，大多数投资人或资金来源是想在你的事业计划书中找出 5 个独特的现实因素：

（1）资历——大多数投资人都比较喜欢投资“曾经在那里做过”的人，而不是刚从大学毕业的人。科技天才当然很棒，但是投资人更喜欢业界老鸟的加入。

（2）顾客——投资人会想看到经过验证的顾客需求，他们感兴趣的是吸引顾客来购买你提供的商品的原因。如果你能提出初期顾客的反馈，你的事业计划书就会更有分量。

（3）团队——潜在的投资者会想要了解你、你的经营团队和你的工作人员，他们会注意显示出热情、韧性和工作投入程度的例证。拥有了解市场和具备背景经验的经理人会是主要的加分项目。

（4）机会——投资人想支持有改变世界潜能的那种远大构想，他们找的是能够支撑并打造一亿美元以上规模公司的构想。

（5）商业模式——你的计划必须有合理的商业模式。除了要能获利外，也要具备可重复、可规模化并具有防御能力等特点。

如果你能满足以上所有要求，你得到资金的机会就会显著提高。

撰写事业计划书的过程迫使你审慎察看自己事业最重要的因素。某种程度上，撰写过程本身就是目的所在。当你撰写事业计划书时，公司可能产生问题的部分就会浮出台面，而且你也会从中看到新机会。简单来说，撰写事业计划书的过程和最后所得到的计划，二者都有效益。

除了使用事业计划书募集资金外，你还可以用它来：

◎告知供应商和顾客你未来的方向。分享事业计划书是向新供应商进行说明的好方法，他们将会认识到公司是怎样的。

◎用透明公开的方式管理你的事业。员工可以通过这份计划掌握状况并评估进展。

◎监测你的事业表现，就一些可能产生的问题提供早期警讯，你也可以通过事业计划书进一步了解关键的压力点。

◎产生可行的备用或应变行动计划。

◎吸引优秀人才。

◎接触值得的潜在伙伴。

你可以而且也应该一直更新你的事业计划，更新现有计划总是比从头撰写新计划简单。你的计划应每年更新，如果你所处的产业正快速演变，甚至可能要每季进行。

你还必须在遇到以下状况时更新你的事业计划：

◎有更强的新竞争者进入你的市场，迫使你不得不进行改变。

◎你的公司推出重大的新科技、新产品或新服务等。

◎经营团队或所有权发生变动。

◎你的公司跨越了500万美元营收或雇用100名员工之类的里程碑。

◎旧的事业计划已无法应对你面临的现状。

关键思维

好记者在他们的文章中会说明何人、何事、何地、何时、为什么和如何做。要确保你的事业计划书也是如此。像银行家般思考，然后撰写客户想看到的内容。

——凯耶·维维亚，事业计划书撰写专家

让计划书尽量保持简短并且易于阅读。记住这份计划只是事业的路线图和催化剂，不要被不重要的细节绊住。用30页的分析来讨论为什么5年后的营收将是1亿美元或1.1亿美元，不会有任何帮助。

——史考特·辛普森，创投家

我们之中很多人有一些好构想，而某些人则有绝佳的构想，但这并不代表我们就可以把这些构想转变成事业。区别梦想家和行动家的因素就是计划，一份事业计划。要建立一家公司，你需要一份计划，它就是你的事业蓝图。一位好的领导者会为自己构建一份计划，让它成为有生命

的文件来协助推动事业。并非每一个事业都会成功，事实上失败的事业远远比成功的更多，而差别之处一直都是计划。

——雷·海尼士，企业家网站总编辑

二　撰写事业计划书之时

当你撰写事业计划书时，要专心做好以下重要事项：

◎建立推销你构想的执行摘要。

◎描述你的经营团队将如何赚钱。

◎描述你对某个重大问题的有力解决方案。

◎详细说明你将如何顺应产业的趋势。

◎建立合理的营销计划。

◎描述你的营运计划。

◎使用清楚且简单的财务用语表达你的构想。

1. 执行摘要：为什么我应该阅读这份事业计划书

执行摘要就是事业计划书中任何人都会看到的第一部分，通常也是唯一会被阅读的部分。你

必须用1～2页的篇幅，显示你的计划为何值得阅读并赢得读者注意。

你的执行摘要必须用不多于20句话的篇幅来切实说明下列事项：

◎你有什么远大的构想？

◎你要解决什么问题——它对潜在顾客真的重要吗？

◎解决这个问题的代价是什么以及你想募集多少资金？

◎投资人的报酬是什么——这些报酬何时会开始产生？

◎估计的风险有多大，你会用什么方式降低它？

◎和既有的业者比起来，你的构想契合市场中的哪一部分？

◎你的经营团队里有什么人，他们具有执行任务的专业知识吗？

◎你的产品或服务是什么，它如何或为什么

与已有的事物有所差异？

◎你将如何营销你的商品，取得一位顾客的成本是多少？

◎你偏好的退场策略是什么？

一份好的执行摘要将挑选事业计划书中最好的部分。提取你提案中的精华，接着它会以令人信服的方式将你的构想包装起来。最好的执行摘要是简短且条理分明的，你必须小心别在这里浪费词句，还要把关键信息放在最前面以避免混淆。

执行摘要是在推销你的事业计划，因此它值得付出努力。要好好打造你的执行摘要。不论结果好坏，你整个事业计划书都会基于执行摘要而产生，它也是人们评价计划书的重要依据。你要花时间努力整理出绝佳的执行摘要。

关键思维

我要的就是 20 个句子，可以告诉我为何把

钱给他们的人会因此变得有钱。

——吉米·崔比格

Tandem 电脑公司创办人

制作一份冗长的事业计划书——然后丢掉它。简化它，让它能被快速表达。

——亚当·查普尼克

网络集资平台 Indiegogo 前负责人

2. 经营团队：谁来经营公司及赚钱

大多数投资人都会说这句话："我不投资构想，我投资的是人才。"因此他们会想知道以下关于你员工的事项：

◎身为创办人的你能在其中起到什么作用？你具有什么可以提高成功机会的工作经验或资历背景？

◎谁是你的关键经理人？你可以组织什么样的教育、经验和技能组合？要真实且毫不夸张地列出他们的成就。

◎你如何架构经营团队并具体指定谁负责做什么？

◎对于人才雇用你有什么计划？你计划何时让那些人上任？

◎对于新引进人才及留住关键员工，你有什么策略？未来你准备付出什么以吸引人才进入你的企业？

◎谁担任你的董事和顾问？他们有哪些有用的专长？

◎你已和哪些外部专业人士建立关系？你是否已经考虑到所有重要方面——律师、会计师、保险经纪人和不动产经纪人等？

◎你的事业已取得合法营运所需的一切必要执照和证明文件吗？

在事业计划书的经营团队部分，你必须表达出自己已建立起一支知道自己在做什么的团队，这一部分内容的长短应依照你的事业性质而定。

投资人显然想看到你拥有一些知道该做什么

来赚钱的人才。你应该在事业计划书的这一部分传达出一项信息，即你的员工确实都是你最珍贵且最重要的资产。

关键思维

你的事业计划书最重要的部分是第一段，通常那是大多数人唯一会阅读的部分，因此，开头的句子最为重要。在三箭创投公司，我们会为了这个开头奋斗许多天，一旦把它弄好，其他就简单多了。

——隆纳德·彼得森，三箭创投公司总裁

我们用 8 张 PowerPoint 幻灯片募集了 800 万美元创投，计划的关键任务就是有能力以经济且有说服力的方式讲述公司的故事，而不是罗列一大堆细节。

——陶得·鲁夫鲍洛

Foundation 科技公司总裁兼创办人

3. 产品或服务：你到底计划要卖什么

伟大企业的存在是为了向人们提供他们真正需要的东西。在你的事业计划书中，你必须说明你渴望为人们解决什么问题以及为何你未来的顾客会重视这个解决方案。

在事业计划书的这一部分，你要讲述你产品或服务的特色和相关的好处。对于你的产品或服务为何具有需求，你必须建立有说服力的例证。你必须考虑到：

◎成本——你是低成本供应商还是高档商品业者。

◎特色——尤其是能让你和市场上既有业者有所区别的地方。

◎销售渠道——你如何把销售的商品交到顾客手中，包括你能以多快速度交付你的产品或服务。

◎你的单一的或多个目标市场。

◎竞争者。

◎生产事项——具有供应足量产品的能力，以满足你确信存在的需求。

◎顾客服务——如何建立或利用你的市场信誉。

◎你的产品知识和经验——如何利用它们来造福顾客。

◎你将提供的顾客训练和支持。

◎预期的授信或贷款——你是否能够向顾客提供便利的付款方式。

◎你已经取得的反馈——将会用来作为营销利器。

◎你可能面临的任何公共诉讼风险——以及如何消除这些风险。

◎未知因素——足够给你带来市场上独特优势的任何特别事情。

当你在事业计划书中讲述你的产品或服务时，必须保持积极且客观的态度。

4. 产业：你跟上了成长中市场的趋势吗

如果你在错误的时机投入错误的产业，那么无论你多努力工作都无济于事——赚钱会变得很困难。事业计划书中的这一部分，必须说明你投入的是一个快速成长的产业，它的成长周期才刚开始。

说明的方式是对产业状况和相关的背景趋势提出一份简要分析。换句话说，你要呈现的是稳当的例证，说明你的产业正是“下一个明星产业”或者至少具备成为明星产业的潜力。

要令人信服，你的事业计划书必须用市场研究来支持论点，而不能只有个人意见。要详细叙述：

◎你的产业状况——以金额或销量表示。具体指出谁是主要的业者以及任何可能影响该产业的背景科技趋势。未确定的法律法规或是顾客需求的改变如果有关联，也要一并提及。

◎你对于自己顾客的了解——他们是谁、他

们现在买些什么以及未来迫使他们向你购买的原因，要说明你做出这些结论的依据。最新的市场调研结果会很有说服力。

（3）你对很快将起飞的趋势的预测——这类预测将为你的营销活动带来丰厚成果，你要证明自己已瞄准未来的趋势。

（4）任何进入这一行的门槛——不论是金钱、技术、销售或与市场相关的因素。

（5）市场上的既有竞争者——以及你的优势何在。这是你强调自己竞争优势的地方。你必须描述是什么让你有所不同以及人们为何会向你而不是向别人购买，对此你要务实且乐观。重点是你的根据必须是事实而不是宣传花招，这样才能建立一个令人信服的案例。

5. 营销：你要如何找到顾客

营销是你事业计划中的计划，在这里你必须显示出你既了解自己的目标市场，也拥有可行的策略，从而确保顾客知道到哪里找到你。

你的事业计划书应该涵盖营销 4P 原则：

◎产品——你所出售的特色和好处以及你把谁定义为自己的目标市场。你必须简短描述自己的核心产品，厘清自己在初期追求的利基市场。正确的产品定位是重要的。

◎价格——通过明确预定的利润率来厘清你的价格策略并说明前因后果。你必须与竞争者比较价格策略，阐述你对此的看法和想法。要厘清在价格／品质坐标上你所处的位置。

◎地点——在事业计划书中，它通常是指人们可以在哪里买到你的产品或服务。你的功能可能是生产者、批发商或零售商，你的销售渠道会因此变得简单或复杂，在这里你还要叙述自己的销售网络和电子商务策略。

◎推广——你必须确切描述把自己公司名字推送到顾客面前的方法。你可以采用的推广活动类型并无任何限制，因此顾客会想确认你的确知道自己在做什么。你要进行一些推广活动，

用来通知、劝诱和提醒顾客购买。你必须叙述自己计划投入的广告、个人销售、促销和其他配套的活动。

6. 营运：你的事业如何运作

营运包含你如何打造、购买及取得产品或服务，它还包括你如何完成自己获得的订单以及如何提供顾客支持。在这里你必须谨慎。提出足以说明你所拥有竞争优势的细节就好，过多细节会让读者厌烦。

零售和服务业的营运计划通常都很简单明了。你要列出所有必须完成的任务，然后描述你用来完成这些任务的员工。一般来说，员工就是你的生产引擎，所以你要叙述员工的技术和能力。你还可以谈论顾客策略并详细予以描述。

如果你是制造商，这个部分可能就必须深度讲述你拥有的生产设施。你可以探讨个别元件以及它们会如何被生产、组合及测试等等，不过要小心，别提供太多信息而使得客户难以招架，从而失去对整体大局的把握。

你的客户读者对于你计划用资金去购买何种设备也会有兴趣。你必须详细说明为何你需要更多生产设备，如果生产流程使用到关键的知识产权，也要在这一部分表明。

信息科技在今日扮演着关键角色。你的事业计划书必须讲述你在这个领域的能力以及你将做些什么。你必须强调尖端科技扮演的角色并使人相信你的事业已经涵盖所有这些科技。

公司最后的成败取决于营运过程是否强劲，例如像沃尔玛这样的公司，它的成长并不是因为有良好的营销，也不是因为有最好的零售地点，而是因为拥有最有效益的获利产品的储存和配销系统。长期下来，营运就代表了一切，所以你的事业计划书必须反映这项事实。

关键思维

现代公司只有两项关键要素，即创新和营销。

——彼得·德鲁克

7. 财务：数据会如何累积

财务资料通常记录在事业计划书的末尾，它包含3个主要项目及补充信息：

◎损益表——显示你是否赚到钱，它会加总你的所有营收并减掉成本，然后得到净收益数额。它有时也被称为获利与亏损报表或获利报表，不过通常保持简单就会有最好的效果。损益表可以用来显示它最后的获利能力。

◎资产负债表——详细说明你的价值。损益表不会记载的有价值的资产可以在这里显示。公司用它加总拥有的一切（资产）并减掉积欠的债务（负债），得到的差额就是这家企业的股东权益。资产负债表会针对某个特定日期而编制，例如你的会计年度结束日。

◎现金流量表——记载你当下手边拥有多少现金。它有时也被称为财务状况变动表，用来详细记载流入公司的现金以及这些资金被如何花掉。现金流量会告诉读者关于你企业整体存活性的很多事。

其他可以加进去的财务信息包括损益平衡分析、财务比率、财务预测或推算以及其他更多项目。在这个领域里，你需要有经验的会计师参与和服务才能进行编制。事业计划书通常需要一大堆财务信息，因为不同投资人对于不同财务信息片段会有不同的评价。但每一个人都想知道你是否有正数的现金流。

三　撰写事业计划书之后

一旦你完成了自己的事业计划书，接着就要不断加以充实。让你的基本计划保持简单，然后加入一些能够支持你内容的资料作为附录，同时你也要努力用你的计划创造出绝佳的第一印象。在这里，正确的信息可以为你创造实现计划所需的资金。你永远都不能停止撰写你的事业计划书——它是一份有生命的文件，并且会不断地改变及进化。

一份好的事业计划书就是你的企业说明书，它始于概念，继而是经营团队，然后是你的营销策略，最后到达财务目标。如果你在其中加入其他许多材料，就可能会破坏这个流程并造成混乱，这时候附录便可以发挥作用了。

对于实在不适合其他位置的任何事物，你都要将其放进附录。它可能包括的项目有：

◎关键员工的履历。

◎可提供的产品样本。

◎产品照片或实物模型。

◎广告材料样品。

◎有关你公司的媒体文章。

◎新闻稿。

◎有影响力组织的正面评价。

◎生产设施照片及／或场地平面图。

◎信用报告。

◎租约。

◎顾客或关键供应商合同。

◎有影响力潜在顾客的意向书。

◎关键供应商的报价或预估。

◎初期顾客的评价。

◎额外的营销信息和分析。

◎判断趋势所依据的经济资料，它对事业可能造成影响。

◎租约和其他合同义务。

◎草拟的产品手册、广告和传单等等。

◎显示工作流程及产品配销系统等内容的流程图。

◎网站截图。

你只有一次制造良好第一印象的机会，所以你应该确保事业计划书是按照读者喜爱的方式来架构的，特别要注意以下几个项目：

（1）介绍信——在寄出计划之前，要给读者一些令人信服的理由，说明他们为什么应该阅读你的计划。解释你追求的目标，提及你拥有的私人关系，然后询问他们是否有兴趣看看你的事业

计划书。要事先取得读者的允许，不要只是冷漠地寄出你的事业计划书。

（2）声明信——一旦他们要求看计划，送出事业计划书时要附上这封信。在声明信里感谢他们同意看这份计划，这也是再次提及你人脉的适当场合。你还可以附上最近的更新。这封信不用太长，一页就好。

（3）编排和格式——清楚和简单对事业计划书很有利。确保全文段落清晰，你的事业计划书便可井然有序。好的图表和 1.5 倍或 2 倍的行距，可以释放出一些空间，让你的事业计划书更加疏朗。同时还要准备精装本的事业计划书，以便在有要求时提供。

（4）追踪选项——你应该已经在思考："如果一开始读者就拒绝了这份计划，我的下一步该怎么做？"试着礼貌地探询你的计划为何会被拒绝，这样你才能让它变得更有吸引力。试问他们能否建议其他可以提交计划的人选，同时小心别毁掉

任何往来桥梁。或许你必须妥协并重新架构你的提案，例如直到达成某些特定的里程碑之前他们只用投资半数资金等。要记得一场协商总会引发下一场协商，所以要拿出专业表现。

归根结底，事业计划书其实就是用信息创造资金。对市场和你未来的顾客知道得愈多，你就愈能整理出好的事业计划书。有鉴于此，你应该尽可能多地收集信息来武装自己。

关键思维

每天都有某个人在睡觉醒来时产生一个构想，撰写事业计划书，就可以把那个构想变成一份事业。我希望你能从这样的经验中获利。

——雷·海尼士，企业家网站总编辑

大无畏年代

Bold

How to Go Big, Create
Wealth and Impact the World

原著作者简介

彼得·戴曼迪斯（Peter H. Diamandis），非营利组织X大奖基金会董事长兼CEO。该基金会提供丰厚奖金鼓励重大技术突破。戴曼迪斯博士也是奇点大学、人类长寿公司、行星资源公司的共同创办人。他和史蒂芬·科特勒合著《富足：解决人类生存难题的重大科技创新》一书。毕业于麻省理工学院和哈佛医学院。

史蒂芬·科特勒（Steven Kotler），畅销书作家及记者。他在《连线》《大众科学》《国家地理杂志》和《纽约时报杂志》等75种刊物上发表过文章，他是“心流基因体计划”（Flow Genome Project）的共同创始人及研究主持人，毕业于威斯康星大学和约翰霍普金斯大学。

本文编译：叶心岚

主要内容

飞上太空吧，伙计

创业家正处在一个绝佳的时代，只要你有热情和决心便可以取得所需的技术和资金，应付任何挑战。重点是，你是否有勇气挑战最艰巨的任务，为亿万人解决问题，创造最庞大的商机？

2012 年，彼得·戴曼迪斯与史蒂芬·科特勒合著了《富足》一书，主张许多领域的科技不约而同都有惊人的进展，人人富足的美丽新世界指日可待。

《富足》出版后，不仅高踞《纽约时报》畅销书排行榜达 3 个月之久，还被翻译成 20 国语言版本，戴曼迪斯更因此获邀到 TED 进行演讲。2014 年该书再版时，作者增加了 60 多张图表，证明在犯罪率的降低和教育、医疗、财富的增加上，他们主张的想法确实一一实现了。

成为亿万富翁的最佳方法

现在人手一部的智能手机，与20世纪70年代的超级电脑相比，效能高了1000倍，价格却便宜得难以想象。这种现象普遍出现在各个领域，包括网络、传感器、机器人、人工智能、生物工程、基因组合、医疗、纳米科技等。每个领域的快速进展都加速了整个人类生活样貌的改变。

这是人类第一次有机会明显且长久地提升全世界的生活水平。因为技术和资金的取得不仅更容易且更便宜，同时它们也不再垄断在少数政府组织或企业手上。戴曼迪斯在X大奖基金会和奇点大学的经历也印证了这一点，此外他更提出要成为亿万富翁的最好方法，就是去解决亿万人的难题——实际就是如此。

未来有什么是不会改变的

最近常听到一些说法，预言未来有哪些工作会被机器取代。牛津大学在2013年发表的研究

中也指出，2033 年前美国将有 47% 的工作被机器取代，18 世纪工业革命情形俨然就要重演。

《大无畏年代》正是你面对下一波指数革命的导航手册，你可以从中了解指数技术和极大化技术等策略。它是为胸怀大志的创业家以及所有对大思考、大财富、大影响有兴趣的人写的，它可以激发你的能力和事业心，点燃飞上太空的梦想。

如果你是一位经理人或管理者，你也可以从中发现竞争者已不再是来自海外国家的陌生人，而是在车库里工作、数量剧增的指数创业家。你的企业仍旧不愿意正视这种趋势，你也可以借此思考未来 10 年或 20 年有什么是不会改变的。

引　言

这个世界的最大问题，正是今天的最大商机。成功的关键在于成为“指数创业家”——也就是善用指数技术日益增长的力量，将其发挥到极致的创业家。

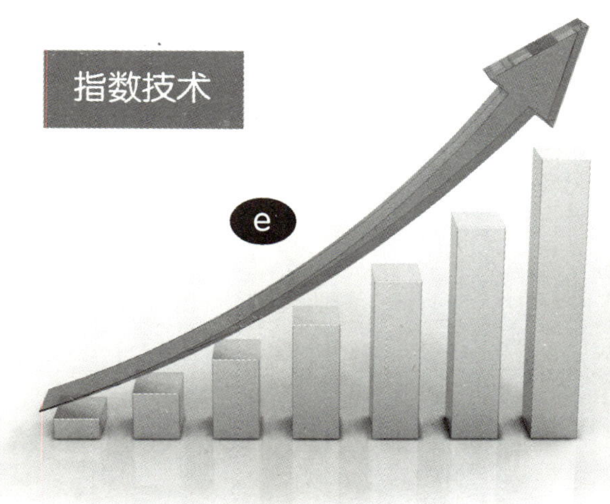

我们的世界现在正位于指数成长曲线上，在常态基础上使效能倍增的技术，正展现在众多领

域，网络、传感器、机器人学、数字医学和纳米技术只是少数几项。这些技术为愈来愈富足的未来铺好了路。但它们能否发挥最大效力，关键却在于我们，这就是指数创业家有可能发光发亮的原因。

克服重大挑战和创造差异的力量已经平民化。过去只有皇室、政府或跨国企业能参加赛局，今天只要有网络，甚至只要有智能手机，任何人就都能加入其中。只要有热情，你就能为世界带来真正改变，同时获得极大收益。

关键思维

虽然我们由衷相信创造一个富足世界是可能的，但并不能百分之百保证这点一定会实现。我们最深切的期望是你能从中获得鼓舞，起身离开沙发，去改变这个世界。史蒂夫·乔布斯说，每个创业家的目标都应该是“在宇宙留下痕迹”——他可不是指发明下一个愤怒的小鸟。

最终来说，成为亿万富翁的最好方法，就是去解决亿万人的难题。

——彼得·戴曼迪斯　史蒂芬·科特勒

一　指数技术究竟是什么

指数技术是指不只带来线性成长，而且可以使成长持续反复倍增的技术。人们对于指数并不非常了解，因为指数在初期阶段成长幅度太过微小，看起来就像什么也没发生。不过，感谢电脑、传感器和通讯技术的发明，我们现在生活和工作的世界，就是一个将在未来3～5年内爆发惊人机会的指数世界。

人们对于线性成长相当了解：

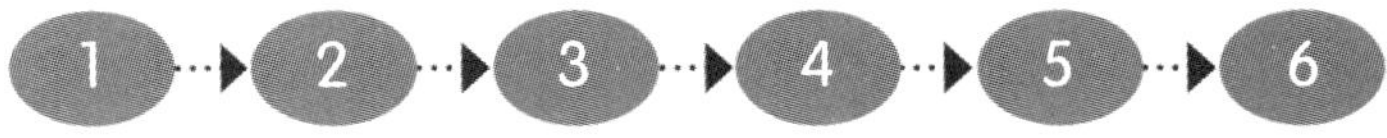

不过对于指数成长的惊人程度，我们的了解却少得可怜：

1 → 2 → 4 → 8 → 16 → 32

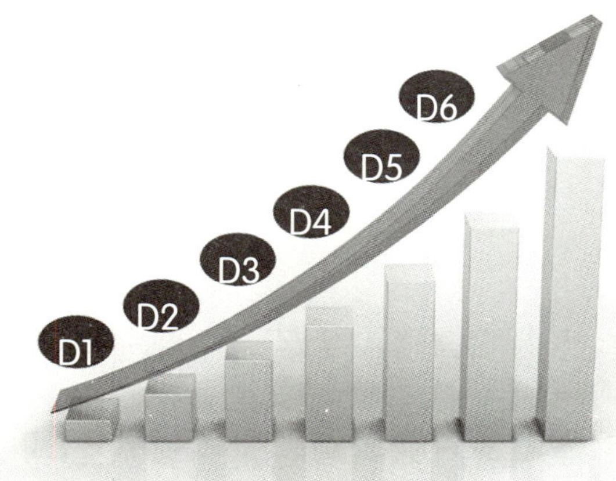

D1 数字化——当某个流程从实体转变成数字时，立刻进入指数成长动态

D2 蒙蔽——指数成长的初期阶段通常遭到忽视，而且不显著

D3 崩塌——最后创造了新市场，旧市场崩塌

D4 货币价值消失——人们停止购买旧技术，旧技术基本上免费

D5 无形化——技术本身不再是独立产品和服务，而是内置在其他产品里

D6 普及化——物理转变成数字，在数字平台供每个人使用

举例来说，如果你从起点走30个线性步，最后会到达约30米之外。但如果你从相同起点出发走30个指数步，你最后会到达约10亿米之外——大约是绕行地球26圈的距离。任何指数序列的后期阶段，都会产生令人惊叹的成长。

指数成长最广为人知的例子首推摩尔定律，它由英特尔公司创办人高登·摩尔于1965年提出。他指出单位体积的集成电路上可容纳的元器件数目，每12～24个月就会增加一倍。摩尔定律在过去60年间已被证实，这也就是今天智能手机之所以比20世纪70年代的超级电脑快上1000倍而且价格仅是后者百万分之一的根本原因，这是实际出现的指数成长的一个好例子。

为了避开容易掉入的低估指数成长的陷阱，请记住左图所示的“指数6D”架构。

数码相机就是上述现象的完美例子。1996年，柯达销售胶卷，旗下有14万名员工，公司市值达280亿美元。数码相机在1976年问世（D1），但分辨率不够，有20年时间乏人问津（D2）。不过，当数码相机跨过200万像素的门槛后（D3），人们便停止购买胶卷（D4），于是柯达在2012年1月申请破产保护令。智能手机一上市，人们便停止购买数码相机（D5），因为智能手机已经内置了高品质的数百万像素级的相机。今天，只要有智能手机，你就可以通过各种网站和朋友免费分享照片（D6）。

柯达随着“指数6D”步入破产的同时，其他公司却充分利用了指数技术，使其发挥了最大效力。例如，Instagram于2010年10月成立，是一个让人们上网分享照片的新平台。Instagram在2012年4月推出安卓版软件，第一天下载量就超过100万次。等到Instagram拥有3000万用户时，脸书（Facebook）开始担忧这项照片分享服务变得太像社交网站，因此，脸书在2012年4月9日以10亿美元并购了Instagram。Instagram在18个月内从只有13名员工的新创公司摇身变成价值10亿美元的公司，这就是指数平台和组织的威力。

即将成为今日显学的另一项指数技术是增材制造，又称3D打印。传统制造是减材方法——从一大块原料开始，逐步去掉材料，直到剩下想要的物体为止。3D打印则是增材方法——以一次叠一层材料的方式打造物体。

3D打印机的开发至今已经有30年，这个领域的许多开路先锋都已阵亡。位于美国加州的“3D系统”公司几乎也要关门大吉，但最后终于得以将可用于原型制作及小型生产的3D打印机上市。今天，3D系统是一家市值60亿美元的成功企业，销售40余种不同的打印机。该公司最大型的打印机可以打印出一整张汽车仪表盘，最小型的机器是名为“方块”的家用3D打印机。随着越来越多人对3D打印产生兴趣，大约在2015年，3D打印机将会迎来惊人指数成长的尖峰。

增材数字制造技术已经做好准备在未来5年

内出现爆炸性成长。接单订制的制造方法将完全颠覆产值数兆美元的多种产业，包括：

◎商用航空及国防。

◎太空探索。

◎汽车制造。

◎医疗。

◎消费产品／零售。

注意大部分指数技术通常会遵循如下图所示的“技术成熟度曲线”：

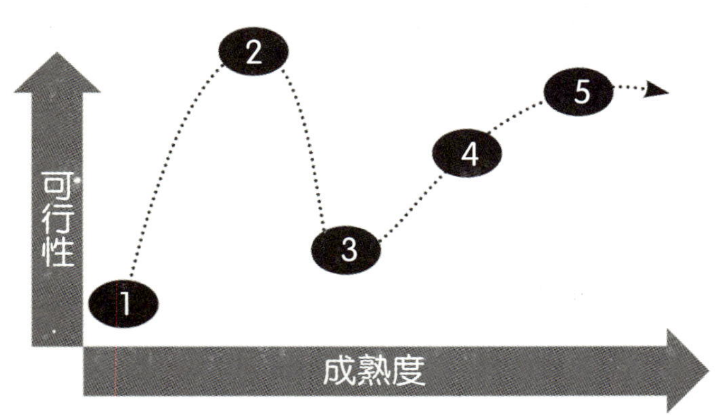

点 1 代表具有显著潜力的新技术出现时。每

个人都兴致勃勃。因为想象得到新技术的最终模样，因此到达一个期望过高的顶点（点2）。不可避免的，初期原型令人失望，大家走向理想破灭的谷底（点3）。

指数技术在谷底徘徊多年的情况并不罕见。在这期间人们逐渐开发了使用者界面，技术也增添了更多功能。最后，技术终于爬上应享位置的斜坡（点4），然后释放出庞大的生产力（点5）并改变整个产业。

从创业观点来看，介入指数技术的完美时间点，落在即将离开谷底准备开始爬上应享位置的斜坡的时候。此过渡时间点的指标包括：

◎最佳功能已经发展并稳固。

◎供应商快速激增。

◎开始提供次级融资。

◎出现简单精美的使用者界面。

此时此刻有5项技术已经做好准备，将在非常近的未来出现指数成长：

（1）互联网和传感器——今天有超过 70 亿部智能手机存在，但在未来 10 年里，预估会有 1 兆个以上的传感器和互联网挂钩。这些传感器将提供即时信息和自动化功能，为许多产业带来改革，“物联网”已准备好在影响范围和功能上出现爆炸性成长。

（2）无限运算——电脑运算速度正在快速发展，使之从稀有资源转变成一种大量充足而且便宜的东西，几乎等于免费。

这里存在的机会是，每个人都有能力在价格便宜、随时可得而且无限量的极强大基础建设之上，打造自己的伟大构想，这将激起一段过去绝对不可能出现的全球创新时期。

（3）人工智能——人工智能终于准备好成为我们日常生活中无所不在的东西了。今天，80% 的服务业工作可分拆成 4 项技能：看、读、写和整合知识。电脑在所有这些技能上的表现，现在已经能超越人脑，并且全部整合在人工智能上。

IBM已经把“华生”（其人工智能超级电脑）上传到云端，让任何想要使用它的人都能将其当做开发平台，应用方式不受限制。在一家名为“现代化医学”的新创公司网站上，注册的每位医生都有权通过人工智能界面搜索数以百万计的期刊文章、教科书、病患结果和科学论文，来形成个人化的即时检验信息。这仅只是冰山的一角。

（4）机器人学——iRobot公司现在销售不会伤到人的机器人“巴克斯特”（Baxter）。你可通过移动它的手臂做出你希望它重复的动作，借此来设定它的程序。不用多久，人工智能意味着你可以通过跟巴克斯特对话的方式来设定它的程序。巴克斯特是让你能够用来创造商机的第一台机器人——而且它只是目前即将问世的许多新一代机器人之一。

据说在未来20年内，美国有多达45%的工作会面临被机器人抢走的风险。机器人将渗透到各行各业，而这代表着极佳的创业机会。

（5）合成生物学——合成生物学的中心构想是DNA，其实是软件——一组由4个字母以特定顺序排列的代码，DNA指示细胞制造特定蛋白质等物质。研究人员现在能将大自然的原始DNA代码换成人写的代码，借此设定细胞程序，制造我们设定的任何东西。

虽然这听起来像科幻片内容，但合成生物学已经存在。它其实只是数字化形式的基因工程学。你可以利用合成生物学，在实验室制造新的燃料、食物、药品、建材、衣服纤维甚至是新的有机体，而不是通过工业技术来制造，生物工程学即将成为具有历史意义的创业家“游乐场”。

关键思维

到2020年，拥有今日处理能力的芯片大约只要一美分，就像废纸一样。

——加来道雄，纽约市立大学理论物理学家

云技术使大规模运用电脑的能力逐渐普及化。当高效能电脑供应充足、可靠而且价格合理时，我们将进入全球创新的史诗时期。

——葛拉翰·威仕顿

Rackspace 董事长暨共同创办人

二　何谓无畏心理

若要在指数世界生存且最终获得成功，你需要一套帮助你进行大格局思考的心理工具包。那是通往未来亿万美元机会的金钥匙——让你有能力在指数技术开始动起来时，发现有什么东西既具备可行性又深具价值。做好采用臭鼬法、大格局思考并扩大规模的准备，因为美梦成真的技术即将出现。

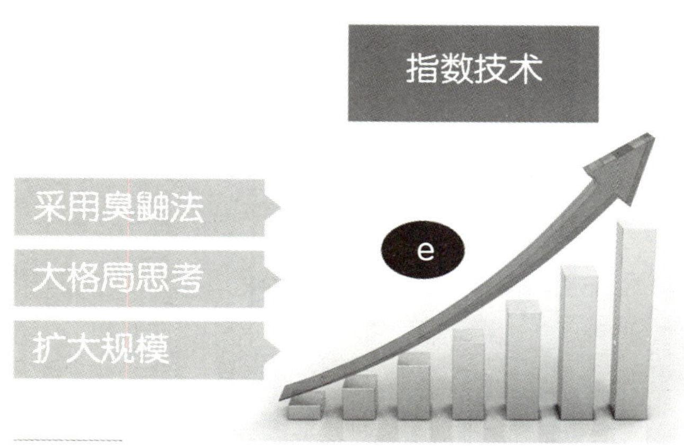

1. 采用臭鼬法

1943 年，美国国防部惊慌失措地联络洛克希德公司首席工程师克拉伦斯·凯利·约翰逊，因为德国喷气式战斗机已经出现在欧洲上空，而美国却没有任何可与之对抗的手段。凯利召集旗下最好的工程师组成团队，把他们送到一座租来的马戏团帐篷里，旁边正好是臭气冲天的塑料工厂。工程师们称他们的秘密工作基地为“臭鼬工厂”，这个名词一直沿用至今。

洛克希德的工程师只花了 143 天就把美国第一架军用喷气式飞机成功交给五角大楼——比美军为了开始建造东西而申请书面审批所需的时间还要短。他们成功的秘密是什么？洛克希德的工程师被赋予了极其重要的任务，他们拥有绝对自由的设计权限，而且完全与世隔绝。而伟大的目标——拯救世界免受纳粹摧毁，激励洛克希德工程师竭尽全力，在难以想象的短时间内设计出了重要的军用设备。

普通人可能不会背负拯救世界的任务，但从过去到现在臭鼬法已经为许多公司所采用，苹果过去用此方法打造麦金塔，谷歌今天用它推动 Google X 计划，其目的是让谷歌推出各种异想天开的点子。臭鼬工厂是创新催化剂。

一家公司成立臭鼬工厂，代表有趣的事情正在发生，而且不是普通的趣事。好的臭鼬工厂将扮演创新加速器的角色，让臭鼬工厂能切实运作的特征有 3 点：

（1）需要与外界隔离——这样才能消除组织惰性，员工也才能拥有行动自主权。

（2）你必须追求一个令人惊叹的目标——为参与的每个人提供具有真实价值的心理激励。以 Google X 为例，它追求的是 10 倍改善而不是 10% 的提升，这是非常大胆的目标。

（3）必须能容忍实验和失败——认为快速重复（快速且经常失败）通常是往前迈进的最佳方法。

好的臭鼬工厂计划会提升动机和表现，每个

人尽最大努力的最佳表现状态（即心流，flow）便能得以触发。臭鼬工厂将从环境、心理、社会和创意上提供触发心流的因子。简单来说，当你推动合适的臭鼬工厂计划时，实际触发心流的机会就会增加。

关键思维

在任何组织里，你手下的那群人最终都会爬上他们所在的那座山，因为那是你要他们做的，那是他们的工作。臭鼬工厂从事的却是完全不一样的工作，它是让那群人寻找一座更好的山头并往上爬。这会对组织中其他人造成威胁，因此最好是将这两群人分开。

——阿斯特罗·泰勒，Google X 经理人

2. 大格局思考

无可避免，大胆的点子总是目标远大。若要无畏无惧，你必须准备好拥有一些创造“超级可

信度”的远大梦想。在详细解释之前，请记住你心里总是存有一条可信度线。

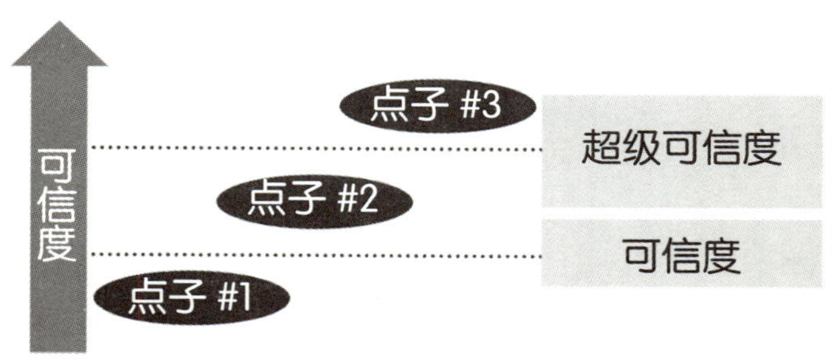

如果有人向你推销一个位于你的可信度线以下的点子（点子 #1），你会斥之为无稽之谈，并立刻加以否决。如果你在那条线上方放上另一个点子（点子 #2），你会暂且相信它，给它机会，看它如何发展。但还有一条超级可信度的线存在，当你听见高于这条线的新点子时（点子 #3），你会接受它，然后说：“哇，真是太了不起了！我要怎么加入呢？”梦想远大的点子可能具有高度说服力，让大脑把它当做事实般立刻接受，从而不去担心可能的结果，转而开始思考它重要的意

义和内涵。

若要无畏无惧，你必须有一个高于超级可信度门槛的点子，接着你要把点子分拆成刚好可连续不断执行的小型子目标。你达成的子目标愈多，整体无畏目标的可信度就会变得更高。当热情与无畏点子及可达成的子目标相结合时，你就能取得令人印象深刻的成就。

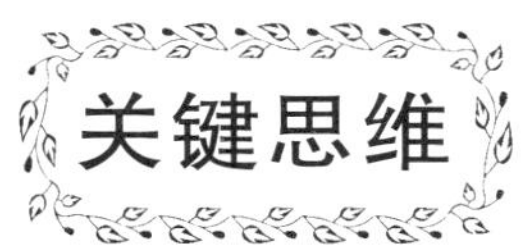

关键思维

失败不是耻辱的臂章，而是重要的成长仪式。

——谢家华，捷步网络鞋店 CEO

新创事业就是缺乏大公司支持的臭鼬工厂。优点是不会被母公司收回，缺点是你没有钱。

——阿斯特罗·泰勒，Google X 经理人

多年前我开始收集在艰难时期及机会到来时能引导我的原则和真理。“彼得法则”是对我很有帮助的格言，但不保证对你也有用。所以要找到你自己的座右铭，借用你喜欢的人的话语，检

彼得法则

1. 如果任何事可能会出错，改正它，别管什么墨菲定律！
2. 当有机会做选择时——两者全拿！
3. 多样计划带来多重成就。
4. 从顶点起步，再一路往上。
5. 照书本行事……但自己写书！
6. 当被迫让步时，要求更多。
7. 如果你赢不了，就改变规则。
8. 如果你不能改变规则，就忽视规则。
9. 完美不是可选项，而是必须的。
10. 当没有挑战可面对时——制造一个。
11. 此路不通，只是表示你要从更高一层开始。
12. 可以奔跑时不要只是走。
13. 当有疑虑时，“思考！”
14. 耐心是美德，但坚持直到成功是一种恩赐。
15. 吱吱作响的轮子会被换掉。
16. 你动得越快，时间过得越慢，你活得越长。
17. 预测未来的最佳方法就是自己创造未来。
18. 做事跟没做事差多少？无限大。
19. 你鼓励什么就会得到什么。
20. 如果你认为这个目标不可行，那么它就是专为你量身定做的目标。
21. 专家就是会告诉你某件事为何办不到。
22. 突破的前身是疯狂的点子。
23. 如果这件工作很简单，可能已经有人办到。
24. 如果没有靶子，那你每次都射不中靶心。
25. 及早失败、经常失败、为进步而失败！
26. 如果你不能测量它，就无法改善它。
27. 世界上最宝贵的资源就是坚持不懈和热情的人类思维。
28. 官僚制度是一大障碍，必须靠坚持和信心克服，必要时动用推土机。

视你自己的人生，开始收集改变思维的金句，看看哪些能发挥功效。

——彼得·戴曼迪斯

3. 扩大规模

当观察那些曾经亲手打造改变了世界且市值数十亿美元企业的成功创业家时，你会发现他们所有人都曾追逐过无畏的想法。同样重要的是，这些亿万富翁都以大格局思考来指导行动。

扩大规模的心理策略

1. 风险承担和风险减缓
2. 快速重复和不断实验
3. 热情和决心
4. 长远思考
5. 以顾客为中心的思考
6. 可能性思考
7. 理智乐观思考
8. 依赖第一原理，又称基本真理

诸如伊隆·马斯克、理查德·布兰森、杰

夫·贝佐斯和赖利·佩吉等亿万富翁都采用了相同的8项心理策略来进行大格局思考。

关键思维

指数技术让我们的规模可以扩大到过去不曾发生过的程度，小团体可以发挥巨大影响力，一群充满热情的创新家可以在眨眼间改变10亿人的生活。用深不可测来描述这种影响，还只是保守的说法。

——彼得·戴曼迪斯　史蒂芬·科特勒

我投入火箭事业、汽车事业或太阳能事业，不是因为我认为这些产业中存在庞大机会，我只是想，为了产生影响必须做些事情。我想要有影响力，我想创造远比过去更好的东西。

——伊隆·马斯克，PayPal共同创办人

除非你以顾客为中心，否则即使能够创造出令人惊喜的事物，你也将无法生存。以顾客为中心是指把每个小细节做对。经营航空公司就像经

营高档餐厅——老板每天都会出现在店里的那种餐厅。维珍航空以一架飞机起家，对手是拥有数百架飞机的英国航空。理论上，我们应该早就关门大吉了。但因为我们以顾客为中心，所以人们会特地来搭乘我们的飞机。

——理查德·布兰森，维珍集团创始人

我是这么认为：如果你想搞发明，如果你想做出任何创新或创造任何新东西，那你就将会遇到失败，因为你必得实验。我认为，有用的发明其数量和每周、每月、每年所做实验次数成正比。如果你打算增加实验次数，你就会增加失败次数。如果你要从事发明，你就必须甘于在很长的一段时间内遭人误解。

我告诉人们，当并购公司时，我总是试着确认：这家公司的领导人是传教士还是图利者？传教士打造产品或服务，是因为他们爱顾客、爱这个产品或是爱这项服务，图利者打造产品或服务则是为了抛售公司和赚大钱。但矛盾的是，传教士最后赚到的钱，往往比图利者多。所以挑选令你满怀热情的东西，这就是我的首要建议。

——杰夫·贝佐斯

Amazon.com 创始人暨 CEO

我们总是试着专注长远性。我们发明的许多东西——如 Chrome 浏览器，在推出时被当成古怪的产品。所以我们如何决定要做什么？如何决定哪些工作才真正重要？我喜欢管它叫“牙刷检验”。它很简单：你会像用牙刷一样经常使用它吗？我猜大多数人是一天刷两次牙，我认为人们真正想要的就是像牙刷一样的产品。

——拉里·佩奇，谷歌共同创办人

三　如何成为无畏群众的一员

若要善用当前新兴指数技术，将商品卖给通过网络紧密联系的顾客，你应该立刻执行4个步骤。

1 开始思考你将如何运用众包，加速企业的成长

2 举办奖励竞赛，得到你需要的突破

3 学习如何聪明利用众筹，筹措你需要的资金

4 打造社区并利用社区克服重大严峻的挑战

1. 开始确认你将如何运用众包，加速企业的成长

未来10年间，大约会有30亿人开始使用

互联网。这是因为愈来愈普及的通讯技术，不但使上网价格变得更合理，也使资料变得更容易取用。这意味着人们联系会愈来愈紧密，反应会愈来愈积极，而且将达到历史上未曾见过的程度。

这一浪潮的直接影响之一，就是众包会蓬勃发展。现在已有一些非常强大的工具可供人使用，因而使得众包公司强劲成长。

现在只要使用信用卡和众包服务，你就能外包各种企业工作、取得创意或营运资产、执行测试与探索项目以及完成更多事项，你面对的可能性是无限的。

所以应该如何使用众包？众包的 12 项最佳实务包括：

（1）先研究一下：试着找出必须完成的工作中有哪些项目可以外包出去。有些人正在待命，而且他们做事又便宜又快。

（2）开始做下去：注册、贴出项目，直接试试看。边做边学，你甚至会从竞标项目的人

那里得到有趣的点子。

（3）留言板求助：学习如何利用专家意见来执行项目，你应该善用每个平台都有的社交功能。

（4）说明要具体：人们并不了解你公司的理念，所以要让人们很容易就明白你想做的是什么。

（5）备妥资料：随时可将准备就绪的档案提供给大家。

（6）判断工作者是否合格：先给他们一些前期的小项目，看看表现如何，然后你可以选择表现最好的人完成整个项目。

（7）让工作者扮演的角色明确、简单和具体：告诉人们你真正要达成的是什么，不要让他们猜测。

（8）沟通要清楚、详细而频繁：快速而精确地提供大量反馈意见。

（9）不要干涉细节：对于新的不同的思考方

式要抱持开放态度，他们可能只是想提出更好的建议。

（10）总是以品质为先：不是只挑价格最低的投标人，为了得到最好的工作者，多付一点钱绝对是值得的。

（11）准备好面对蜂拥而至的点子：找工作的人会提出大量好点子，这是众包的重要优势之一，所以不妨多加利用。

（12）对新的工作方法抱持开放态度：众包可能使你接触到高素质的工作者，他们会建议按照新的计划表执行工作。试试看，你可能会因为发现完成工作的更好方法而感到惊喜。

2. 举办奖励竞赛，得到你需要的突破

指数创业家可采用的最强大工具之一就是举办奖励竞赛。这概念很简单：你提供“赢者全拿”的奖项，再让人们自行组队角逐。

奖励竞赛的强大效力令人难以置信。它不仅能提高知名度，还能为可能的解决方案吸引新点

子和资金援助。赞助商和广告商对奖励竞赛的喜爱，就像对职业运动一样。不仅如此，奖励竞赛还能撒下一张大网，网罗到从事这些领域的大批人才——这正是你所要的。

奖励竞赛最棒的地方在于，你只需向优胜者支付奖金，但你却能得到所有参赛者的点子。此方法可以创造惊人的杠杆效力以及过去不曾有人思考过、令人眼睛一亮的跨平台解决方案。如果奖项够大，你的竞赛就能为市场播种，在解决方案完成时创造需求。奖励竞赛能够在各种不同层面大获全胜。

但要铭记在心的是，奖励竞赛不是每项企业挑战的万灵丹。只有在你已有明确目标但还不明白如何抵达目的地时，奖励竞赛才能真正发挥作用。竞赛必须在有众多创新家存在的领域举办，而且必须是小团队有能力解决的挑战。如果你追求的是资本高度密集的目标，那么竞赛可能不适宜。你必须对竞赛产生的知识产权归属保持一定的弹性，时间表也要灵活规划。

记住吸引团队参加奖励竞赛的3大动力，通常是金钱、认同以及对现状的失望。你必须妥善设计你的奖励竞赛，好让竞赛能针对每一种动机。你还要详细描述目标，至于达成目标需要什么样的过程则留给参赛者决定。

针对人们举办奖励竞赛的最佳实务包括：

（1）表明你想要解决的关键议题或问题：确保你直指核心，阐明赢得奖项后世界会变得怎样。

（2）定义你的指导原则与衡量标准：你衡量跨越终点线的标准以及衡量进度的方法。

（3）提出适当架构：写明挑战名称、奖金、竞赛时间、解决方案的格式以及竞赛结束时知识产权的归属。

（4）设计完美规则：确定既能防止作弊又能衡量进度的明确的关键指标。估算举办、评审及宣传的成本，看看是否有更便宜的选项。

（5）推出你的竞赛：要把竞赛定位在超级可信度线的上方，通过宣传有哪些参赛者来制造话题。瞄准正确的利基市场和人群，举行盛大的推出活动。

（6）你的竞赛要公开透明：取得与参加团队保持联系、处理法律事务、创造持续曝光度等所需的资源，你还需要为竞赛找个公众代言人以及筹组评审团。确定你具备了成功举办奖励竞赛所需的一切要件。

（7）强势落幕并善用你的竞赛：决定优胜者的过程必须零争议。接下来通过举行盛大的颁奖典礼，将知名度提高到极致，尽可能让典礼适合在电视上播放。

3. 学习如何聪明利用众筹，筹措你需要的资金

筹措必要资金向来是开创新事业的最大障碍之一。归功于众筹的出现，情况正在改变。数以百万计的赞助人已经通过众筹，挹注数十亿美元进入新创公司，而且这个趋势正呈现指数成长。随着人们对众筹信心的增加，专家估算 2015 年众筹的金额将达到 150 亿美元，并且在未来几年会增加到至少 3000 亿美元（根据美国资料预测）。

关于众筹最美妙的地方在于，它提供了证据来证实市场确实有此需求。众筹也让创业家得以起步并且蓄积动能。你可以利用众筹同时筹措资金和推出项目，它能提供庞大的助益。今天已经有超过 700 个众筹网站上线，预期这个数字会在未来几年内倍增。

众筹的 4 种主要类型是：

◎捐款：出资人为了高尚理由付出金钱而且不求回报。

◎借款：出资人提供资金，还款时包含利息。

◎股票：你要求投资人出资来交换你公司的股票。

◎回报或奖励：出资人提供金钱，支持创造他们自己想要使用的某项产品或服务。

根据经验，捐款通常适用于社会或政治选举目的。借款被认为最适合嘉惠地方的项目。股票众筹是其中的新生儿，现在断定股票众筹会在实务上获得多大成功仍稍嫌太早。回报或奖励众筹现在已经有相当不错的创业成功纪录，而且已经证实在创意项目及实际产品两方面都非常有效。所以至少在现阶段，大部分冒险型创业可能会采用回报或奖励方法进行众筹。

虽然众筹有这么多显著诱惑，但不一定适合每个人。最佳众筹活动通常有以下关键特征：

◎产品处于原型阶段的后期，可以展示出实际运作的样子。

◎拥有优秀的管理团队，能够让人们对金钱的运用效益有信心。

◎以社区为基础、以消费者为对象的产品——是潜在投资人会自行购买并使用的东西。

◎管理团队拥有潜在投资人网络，可通过他们筹资。

◎产品的目的在于解决重大问题。

从产品角度来看，众筹可以提供市场认证并衡量实际需求。好的众筹活动会发现潜在的客户群，之后你就可以用较低的营销成本销售产品给他们。当你对产品充满热情且一门心思要它尽快问世时，众筹通常会发挥最大功效。

推动杰出众筹活动的12个步骤：

（1）选择你的理想点子：它是你满怀热情而其他人也会在乎的东西。询问你的客户群，得到有关需求的想法。

（2）设定你的众筹目标：决定募集多少资金，这笔金额完全是依照你能提供出资人什么类型的奖励而定。你可能会希望利用众筹来募集部分开发资金，但不是全部。募集能让你得到继续向前迈进的足够资金。但同时你也要设想几个延伸目标，说明如果有更多人出资，你可以办到什么事情。

（3）设定活动时间长度并排定时间表：通常

是 30~120 天。一般而言，时间愈短的活动效果愈好。接着你要安排这段时间做些什么来蓄积动能。人们喜欢赞助赢家。

（4）详述你的奖励方法和延伸目标：赞助人出资后会得到什么。大部分活动通常会提供 25 美元、50 美元、100 美元、500 美元和 1000 美元等不同等级的奖励，而通常有 25% 的人会选择 25 美元的奖励。你要提供别处买不到的有价值而且独一无二的东西。

（5）打造完美的执行团队：名人（或代言人）、活动管理人或策划人、专家、绘图设计师及技术管理人。如果你有人手，也可以增加一名公关经理或超级人脉王。

（6）做好万全准备：展开活动之前就备妥你所需要的素材和资源，而不是在第一波热潮退去之后才准备。

（7）述说有意义的故事：用一个充满力量且令人信服的故事来说明你的产品为什么是切片面

包发明以后最棒的东西。重点是人们为什么需要产品，而不是产品是什么。

（8）拍摄能够疯传的病毒式视频：让你的产品活起来，为你的点子加上人物。附上短片的活动，募集的资金通常是没有视频的活动的239%。

（9）扩大你的观众群：由会员、支持者和积极分子领军，表明你是为了理想而行动，并非只是贩卖一个小玩意儿。

（10）盛大推出你的活动：在欢声雷动下登场，邀请初期赞助人参与，炒热气氛。活动推出的头几天是吸引关注和募集最多资金的时候，所以要好好做，努力争取超级可信度。

（11）时时关注：和每个人保持联络，让他们知道你产品的现况。提供最新发展，要求赞助人邀请他们的朋友加入。同时要找机会促销，让你的活动持续出现在宣传和竞赛的新闻中。

（12）依据资料做决策：决定何时扩大规模、何时鼓励参与以及何时跟进流行趋势。如果广告

有用，就考虑花钱购买广告。

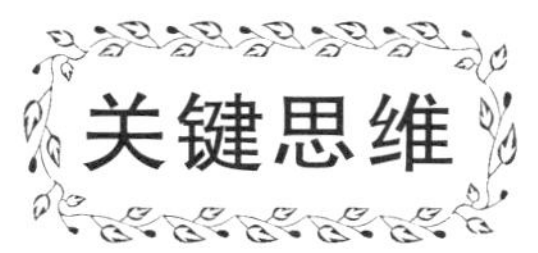

关键思维

今日世界被大量资料覆盖，从深埋的宝藏里找出的有用片段，可能会价值数十亿美元，明日世界会充满更多信息。当进入有一兆个传感器和无所不在的网络存在的年代后，我们将有能力在任何想要的地点或时间，收集有关任何东西的资料。奖励竞赛给了指数创业家一种极具效率的方法，使他们能在浩瀚信息海洋中撷取大量知识，提供史上无可匹敌的创新加速引擎。

——彼得·戴曼迪斯　史蒂芬·科特勒

4. 打造社区并利用社区克服重大严峻挑战

如果打造一个你能善用和彼此合作的指数社区，你进行无畏行动的机会就会大幅增加。今天网络社区可以应付的工作，在规模和范围方面都让人印象深刻。过去大型企业或政府专属的项目，今天一个社区就有能力完成。

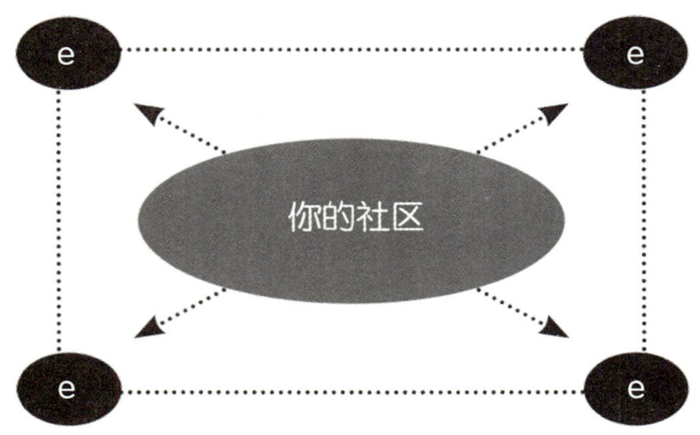

关于社区最美妙的地方在于，成员会自我管理。社区建立的基础是名声经济（reputation economics），而不是金钱交易。简单来说，人们喜欢做让其他人印象深刻的事情，借此提升他们的个人名声。如果你打造一个旨在解决某个重大难题的社区，然后提供机会让个人在社区内发光，你将会惊讶于社区释放的能量和创造力。

网络最常为人津津乐道的特色之一就是所谓的“利基法则”。不管你热衷的是多么古怪的事物，都找得到和你怀有相同热情的网友。社区是找到同好

的方法之一，能用来建立一个满足你需求的平台。如果愿意，接下来你就可以利用社区来打造事业或是帮忙克服社会面临的重大的严峻挑战。

打造活力充沛的指数社区，通常需要9个关键步骤或发展阶段：

（1）定义你的重大改革流程：就社区而言，就是你想达成什么目标以及你有多么渴望带来重大改变，产生影响力。故事要动人。

（2）建立你的社区入口网站：开设正式的网站，允许简单注册且双向交流信息。

（3）开始招募会员：精挑细选你的创始会员，然后举办某种欢迎新人加入的仪式，帮助会员找到归属感。

（4）创造社区内容：活动、新产品推送、通讯、电子杂志、采访等形式。

（5）采用能促进参与的策略：使得人们之间的联系带有真情实感。你或许可以设立贡献排行榜，举办面对面的小型聚会或者提出需要会员合作的挑战，借此加强向心力。

（6）积极管理你的社区：扮演善良的独裁者角色。混乱是社区的本质，所以你必须维持秩序，使之朝着正确方向前进，除去分散注意力的事物。

（7）持续扩大你的社区——通过增加人们彼此对话的机会以及口耳相传的方式来扩大社区。挑起和其他组织的争辩或举办令人惊叹的竞赛，也是有效的社区成长策略。

（8）让你的社区为你赚钱：只要处理方式透明不做假就办得到。赚钱的最佳方法就是出售社区打造的东西，然后与社区分享战利品。只要不偏离核心，你也可以出售广告和优质会员资格。

由忠实粉丝组成的社区可能成为宝贵资产，而且是培养无畏心理的完美方法。现在就打造你的社区，让它随着无畏项目的执行一步步迈向成功吧。

激发个人效能的 5 个选择

The 5 Choices

The Path to Extraordinary Productivity

原著作者简介

科丽·科歌昂（Kory Kogon），富兰克林柯维公司的生产性全球实务领导人，擅长时间管理、项目管理与沟通技巧，曾任Alpha-Graphics公司的全球营运执行副总裁。她是《非官方项目经理的项目管理精华》与《简报优势》的作者。

亚当·美林（Adam Merrill），富兰克林柯维公司的创新副总裁，拥有25年以上的时间管理与生产性写作经验，毕业于杨百翰大学与雷鸟管理学院。

莱娜·林内（Leena Rinne），富兰克林柯维公司的资深顾问，专门协助客户提升生产力与培养新领袖，拥有电信行业资历，毕业于犹他大学。

本文编译：许恬宁

主要内容

生活这么忙，怎能不抓狂

接不完的电话、处理不完的事已经让人想抓狂，然后还有一堆要读要回的信息，是该开心还是绝望？每件事都很急很重要，到底要先做哪件事呢？别慌张，想通这5件事你就解脱了！

忙碌不是坏事，但是一说到忙很容易让人联想到惊慌失措和杂乱无章。1984年，富兰克林·奎斯特（Franklin Quest）推出第一本富兰克林万用手册，就是为了帮助现代人解决忙碌的问题。此后该系列不断推陈出新，在全世界拥有超过1500万名使用者。

1989年，被《时代杂志》誉为“人类潜能的导师”的史蒂芬·柯维（Stephen R. Covey）出版了《高效能人士的7个习惯》一书，将应当养成的成功习惯归纳为7项法宝，该书不仅高踞美国畅销书排行榜长达十余年，也为1997年合并成立的富兰克林柯维公司（Franklin Covey）奠定了基础。

愈忙愈要踏稳脚步

如今，距离柯维的著作出版已超过1/4个世纪，拜网络及各种通讯设备的发展所赐，我们更忙了。由于信息畅通，我们随时可以从各种渠道接收及发送最新的状况和需求信息。在家工作已不稀奇，在路上工作成为常态。只要一部智能手机就能处理工作，谁还在乎你有没有在办公室？

各种体贴的推送功能更助长了这种随传随读的趋势，你最终只能关闭手机或取消推送，却没办法抵挡数百则未读信息及邮件的压力。结果，一不小心就可能成为永远下不了班的奴隶，更糟糕的是因此错乱了自己的脚步，离既定的目标愈来愈远。

愈忙愈要有所选择

这正是《激发个人效能的5个选择》一书强

调的重点：忙碌的最大威胁来自你可能忙到精疲力竭，却无法完成自己最重要的目标，因此你得先做好5个“做与不做”的抉择——它们是你在忙碌生活中必须想清楚的5件事，也代表了你追求卓越的决心。

这5件事就是：①要做重要的事，不要只应付紧急的事；②要追求卓越，不要安于平凡；③要排好大石头的时间表，不要处理小碎石；④要掌控科技，不要让科技掌控你；⑤要补充燃料持续燃烧，不要让自己精疲力竭。

换言之，忙碌应该是你追求人生目标时的一种积极有活力的状态，这5个“做与不做”的抉择便是用来导正及强化你往目标推进的有力工具。忙碌的最终结果是追求心满意足。如果你在面对每天纷至沓来的信息和挑战时能做对抉择，那么愈忙就会愈起劲；相反，一旦做错抉择，你就会愈忙愈疲累。

引　　言

今日如果既要有生产性，又要生活与事业两相得意，比从前简单，但也比从前难。

今日的人们面临3个基本挑战：

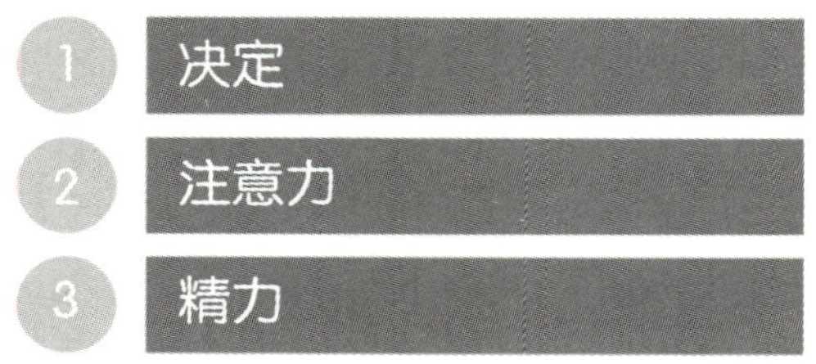

◎你每天都会面对不计其数的必须要做的决定。

◎一堆五花八门的事不断挑战你的注意力。

◎你在处理琐碎的事务时，会感觉心力愈来愈衰退。

尽管如此，每一个人还是能够有卓越表现，

你也一样。方法是做出5项“要与不要”的抉择，管理好你的决定、注意力与精力，让自己能够摆脱混乱的状态，在工作上胜出。

关键思维

这5项抉择源自历久不衰的人类生产性原则，也就是过去30年间我们在富兰克林柯维公司教授的课程。此外，这5项抉择也汲取了脑科学、生物学科技以及杰出表现心理学的最新成果。成千上万人已经在世界各地的无数情境与组织中亲身验证过这5项抉择，他们的经验表示5项抉择的确有用。

——科丽·科歌昂
亚当·美林
莱娜·林内

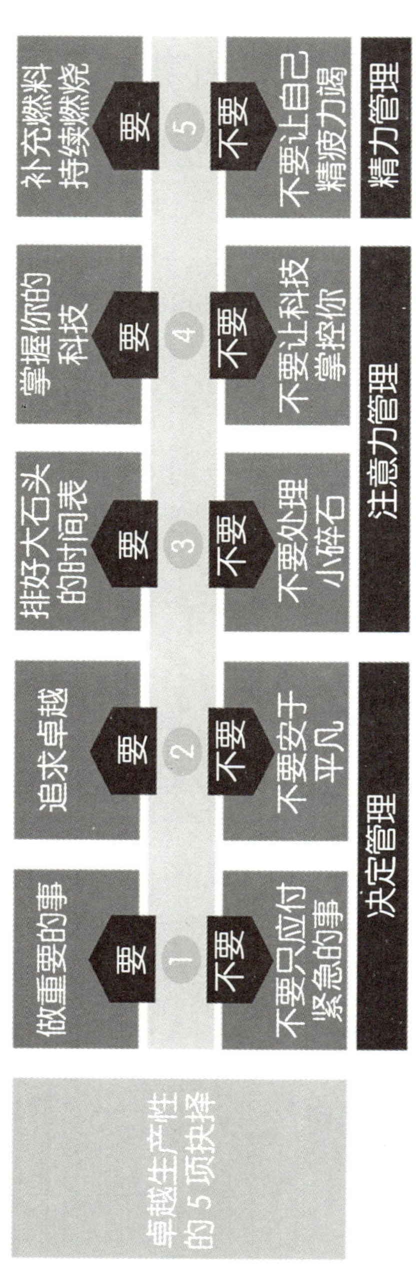
卓越生产性的5项抉择
1
要
做重要的事
不要
不要只应付紧急的事
2
要
追求卓越
不要
不要安于平凡
决定管理
3
要
排好大石头的时间表
不要
不要处理小碎石
4
要
掌握你的科技
不要
不要让科技掌控你
注意力管理
5
要
补充燃料持续燃烧
不要
不要让自己精疲力竭
精力管理

一　要做重要的事，不要只应付紧急的事

如果想拥有卓越的生产力，你可以做的第一个抉择，就是要清楚自己该如何利用时间，不要碰上事情就急急忙忙回应，尽量让自己一天的时间都在做重要而不是紧急的事。

人类的大脑分为两个截然不同的部分：

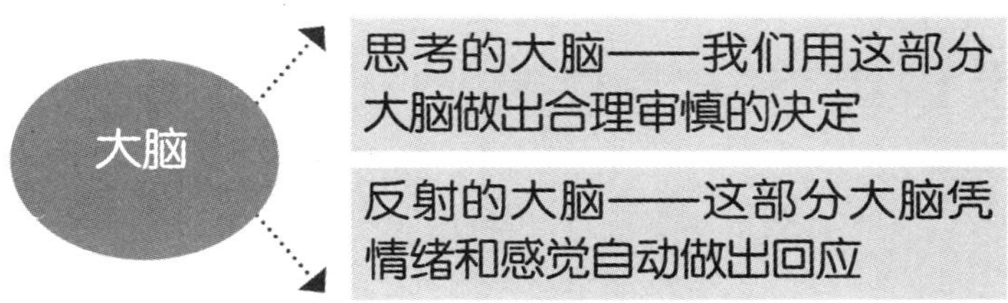

科学家的结论是，大脑中以反射做出回应的那一部分，是为了确保物种能够生存而进化的。因此，用这部分大脑做出的决定会马上出

现，不需花多少精力或力气，那里就是“战或逃”反射动作的根据地。值得注意的是，今日许多广告的设计就是为了吸引大脑中以反射做决定的那一部分。

相较之下，思考的大脑会花更多时间与精力，然而你也会因此做出比较理想的决定，知道自己该做什么。人类用思考的大脑计划事情，做出审慎的抉择，超越本能式的反射动作。

神经科学现在告诉我们，我们有可能通过练习来重设大脑，以便多用一点思考的大脑，少用一点反射的大脑。换句话说，提升生产性的关键之一在于找出方法，让自己在做决定的时候，刻意多花一点心思。只要做到这点，就会得到更多成效。

如果要让自己多用大脑中思考的那部分，你需要一套架构与流程，以做出更好的决定。史蒂芬·柯维的时间矩阵是很好的架构，“暂停—弄清楚—决定”（Pause-Clarify-Decide, PCD）则是

很好的流程。柯维的时间矩阵把活动分别放在 4 个象限：

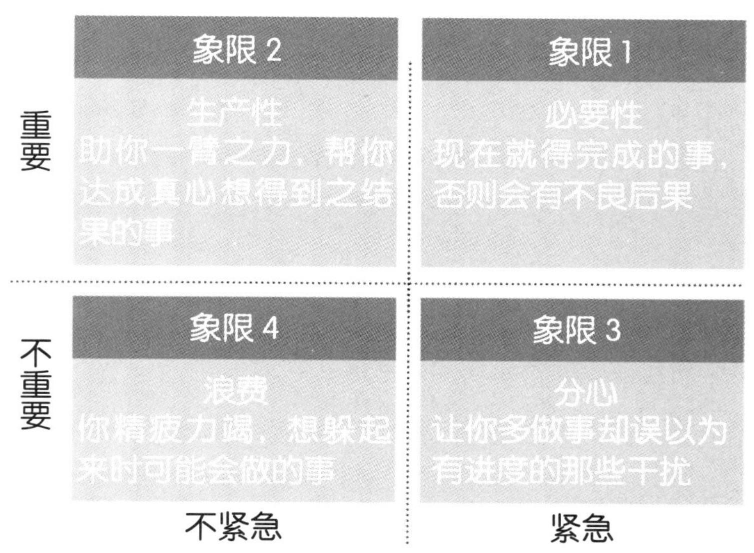

象限 1：紧急又重要——例如危机、探病、最后期限的最后一刻、突发事件等。这一类事必须立刻做，否则会有不良后果。

象限 2：重要但不紧急——你在这里掌控一切，所做的事是那些会达成你所设各种目标的事。尽量把时间花在这个部分。

象限 3：紧急但不重要——会使你分心的事，

例如电子邮件、不重要的会议、电话、状态跟踪等。如果你真想做的话这些事可以让你忙成一团，但忙完后却没做成任何实际有用的事。

象限4：不重要也不紧急——浪费时间的琐事，例如看无聊至极的电视剧或漫无目的地浏览网页。你处于象限4时会停止思考，那就是为什么有时候人精疲力竭想躲开责任时，会跑去做这类型的事。

处于象限2的时候，你永远会尽心尽力地去做最有创意的事。那就是为什么有效率的关键。永远寻找更好的新方法，让自己尽量把时间都花在象限2上。

把自己做的事放进象限1、象限3或象限4之后，你大概会发现做那些事的原因大多出自反射性的决定。你可能会觉得，自己只有在期限将至的压力之下才能发挥实力。也有可能你掉出象限2是因为老板要你做别的事。你还可能对紧急的感觉上瘾，然后因为试着立刻下决定而做出糟

糕的决定。

让自己一直待在象限 2 的关键就是在安排时间的时候，多用思考的大脑做决定，少用反射的大脑，你可以利用“暂停—弄清楚—决定”流程来做到。

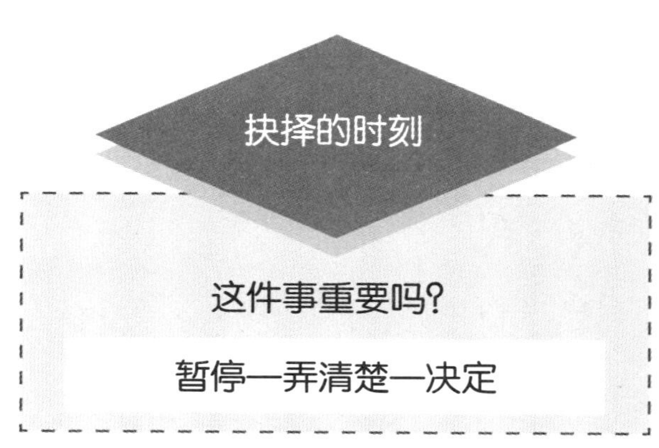

有人要你做某件事时，“暂停—弄清楚—决定”流程意味着先停下来，清清楚楚地问：“这件事重要吗？”光是问问题然后找出这个待办事项落在哪一个象限，你就能更看清楚状况，更有机会做出好决定。

“暂停—弄清楚—决定”流程并不是只有

“这件事重要吗”可问，其他同样有帮助的问题包括：

◎这件事真正的最后期限是何时？

◎对我们最重要的计划来说，这件事会造成什么影响？

◎是否能用别的更好更有效的方法来做这件事？

◎这件事和我目前正在优先做的其他事，能够有什么样的关联？

你的组织会有自己的文化，因此如果想在象限2上多花点时间，最大的挑战就是如何面对老板、同事和下属。换句话说，你必须在周遭环境中创造出象限2文化，让每个人都了解时间矩阵和“暂停—弄清楚—决定”流程，明白你想做到的事。

那么究竟要怎么做？步骤如下：

如果你是老板或团队领袖，你就有义务帮助大家专注于最重要的事。开团队会议时，你应该

花时间解释时间矩阵与“暂停—弄清楚—决定”流程，请大家将时间尽量花在象限 2 上。接下来你必须继续坚持这项原则，而且确保即使大家把活动转移到象限 1、象限 3 或象限 4，也不是因为你的缘故。

让每一个人都完全了解时间矩阵的意义以及带来生产性的象限 2 工作的好处。

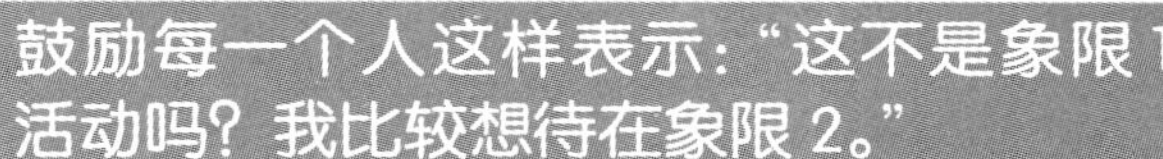

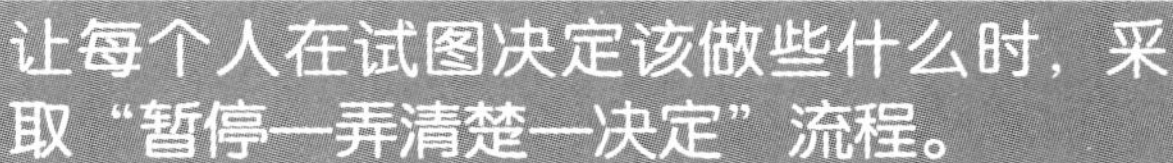

问一问自己：

◎是否每个人都已经清楚了解团队的目标并知道孰重孰轻？

◎我是否没做到某些事，如未能事先做好计划，从而在无意间导致大家处于危机模式？

◎我是否已经让最能干的人从本该让其他人做的象限 3 活动中解脱出来？

◎是否有过时的报告、步骤或系统占用了大家的时间，却没有带来任何真正的附加价值？

◎我是否营造出让大家可以安心的环境，从而使人们不需要得到我的允许，就可以挑战或改变自己所做的事，以求提高生产效率？

◎我是否经常鼓励团队成员在一头栽入新的事情之前，采取“暂停—弄清楚—决定”流程？

如果你不是老板，依旧可以试着做以下的事，帮助一起工作的同事，培养更多的象限2文化：

◎手边随时放着时间矩阵表——老板丢给你新任务时，拿出你的表，问他：“您现在指派给我的任务，可以帮我判定优先顺序吗？或许我们可以利用这张表，找出需要先做的事。”

◎用老板以及团队成员都懂的说法——讨论哪些工作是真的象限2工作，哪些不是。

◎每天早上找出当天最重要的象限2活动，并且写下来。一天结束时，检查有没有完成。如

果没完成，找出原因并和团队成员讨论。

◎每周一次，好好检视自己上一周是如何利用时间的——找出你觉得哪些是属于象限3的干扰，想出未来处理它们的对策，找出你能用在象限2活动上的时间。

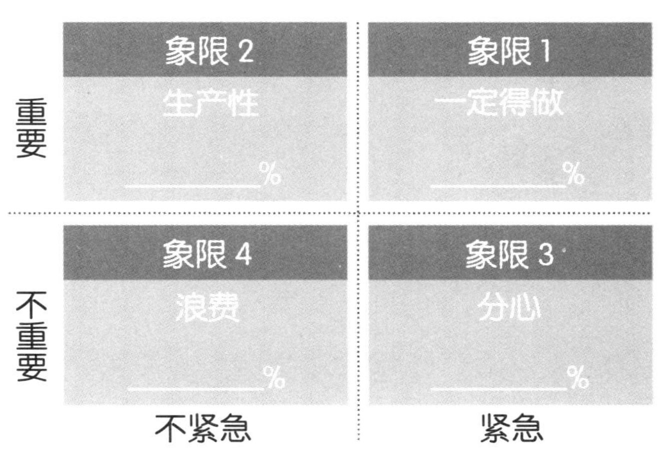

关键思维

进入象限2的关键是暂时停下你的反射大脑，弄清楚现在正在发生什么，然后决定那件事是否值得你花时间与精力去做。一件事情冒出来的时候，你可以问自己：“它属于哪一个象限？”然后你就能做出好决定，知道该如何处理这件事。

——科丽·科歌昂

亚当·美林

莱娜·林内

二　要追求卓越，不要安于平凡

若要让时间尽量花在象限2，你得找出什么会带给你满足感与成就感。这意味着你必须弄清楚自己扮演的角色，然后找出这些角色应该有什么样的卓越表现。

为了进入并待在象限2那里，你需要决定什么对你来说才是重要的。决定之后，就能清楚明白把你的时间、注意力与精力用在哪里才能让你的生活“非凡”或“卓越”。

如果要使卓越的概念具体化，你可以先找出你在生活中扮演的重要角色。大部分的人在被问到自己以什么为生时，都会从角色的角度来想。你可能会回答“我是工程师”或“我是医生”，你的自我价值感与自我认同来自你的角色。

任何时间你都同时扮演着数个角色，要让那

些角色之间维持平衡不是一件简单的事。举例来说，你可能是：

◎项目经理。

◎好友。

◎幸福的妻子。

◎热爱运动的人。

◎女儿。

为了尽量增加待在象限2的时间，对你来说，首先你必须对“成功”扮演的每一个角色下定义。必须弄清楚这件事，你才有办法确定每一天要努力的目标是什么。这一点很重要。

同样重要的是，一旦找出这些角色对应的卓越表现，你也要具体指明哪些结果与活动是你觉得有意义的。这不是头脑风暴5分钟就能完成的事，你需要花点时间来汇整思考。此外，你想出来的答案也不会是最终答案。随着你一路前行，答案会跟着一直变化。

定义卓越时，一定得从自身出发，而不能采

用别人的定义。这定义必须来自你自己的信念，才会带来真正的动力。

还有不要忘了，你必须在各个角色之间取得平衡。今日的通讯技术让别人可以随时随地找到你，你的生活中，工作永不停歇。因此如果不谨慎管理自己的生活，一段时间后你便会精疲力竭。你必须定出一些界限，甚至有时必须先和别人协调好这些界限，才能守住它们。你的目标就是让你所扮演的各种角色之间能够有和谐与持久的关系。

目标与标准愈明确，大脑就愈能进入状态，让你更清楚如何在扮演每一个角色时都能有卓越表现。

弄清楚扮演每个角色时的卓越标准，可以让你把注意力和精力集中在能给每一天带来最多价值的事情上，这会深入触及你的心和灵魂。

让我们来定义什么叫卓越。卓越就是每天上床睡觉时，觉得有满足感和成就感，卓越就是完

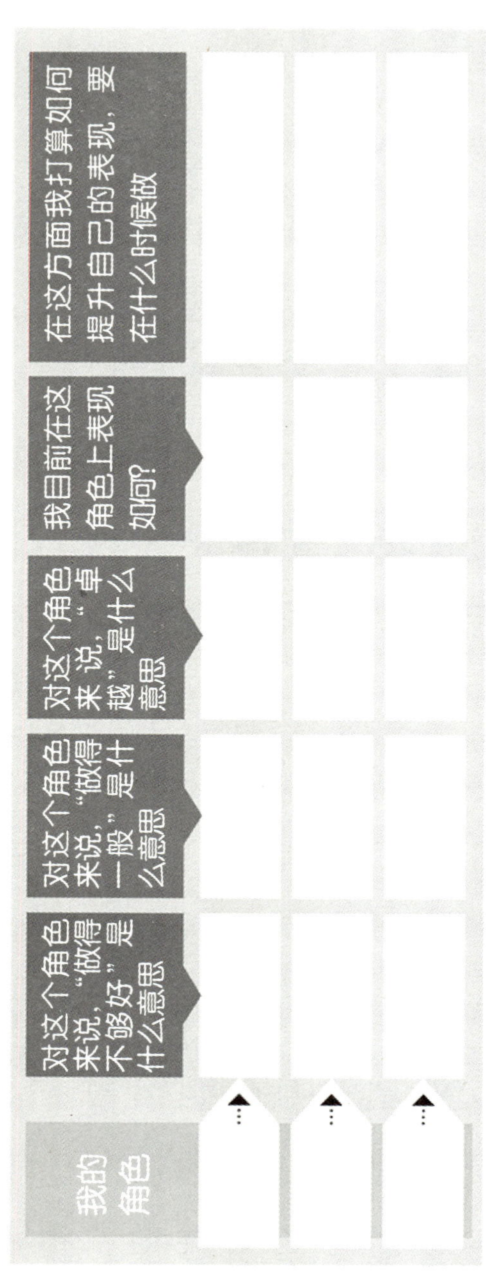

我的角色	对这个角色来说，"做得不够好"是什么意思	对这个角色来说，"做得一般"是什么意思	对这个角色来说，"卓越"是什么意思	我目前在这角色上表现如何?	在这方面我打算如何提升自己的表现，要在什么时候做

成那些能给工作与生活带来最多价值的事。

不要描述完角色的定义后就把它们束之高阁，一年才回顾一次。象限2的角色描述呈现出你现在的真实生活，代表你目前的生活重心以及你目前对成就的定义。你愈全心投入这个描述，兴奋且努力地调整它而且让它成真之后，你的头脑就会愈清楚，也愈有把握做出正确的决定，每天都能完成最重要的事。

弄清楚自己的角色与目标，会深入触及我们最终极的人生目标。我们最重要的人际关系、最大的快乐、最大的贡献与抱负，全取决于我们扮演的角色。

关键思维

你需要方向与愿景才能好好运用自己的脑力，你需要蓝图。

——丹尼尔·亚蒙，脑科学家

我们常常不愿意替自己设定非常有意义且

非常困难的目标，然而成千上万的研究显示，人们替自己定出困难又明确的目标后，他们会更成功，更有成就感，人生也会更幸福美满。其效果远远胜过只抛下一句：“嗯，我会尽力。”

——海蒂·海佛森，研究人员

三 要排好大石头的时间表，不要处理小碎石

你必须决定什么事情最重要，然后积极主动地预先排好进度表，否则你永远不会拥有卓越的生产性。你必须创造出一些象限2时区，在那些时区中你得以大步朝着关键目标前进。

“大石头”是指你一天中想忙的重要象限2活动，这段具有生产性的时间可以被拿来经营重要的人脉以及执行重要的计划，等等。你在不同角色中都会追求卓越成就，大石头正是带来这些成就的活动。

“小碎石”则相反，它是那种会占掉一堆时间的小事情——回电子邮件、打电话、洗衣服、打扫家里，等等。一定要小心，不要花太多时间终日处理小碎石，否则你将会无法挪出时间来专心解决大石头。

如果要有真正的生产性，关键不在于努力完成更多事——也就是说，重点不是以更快的速度解决小碎石，而是要挪出更多时间给大石头。重点不在于“积少成多”，而在于“做得多不如做得巧”。你必须排出时间给大石头，亦即你的象限2活动，然后把最完整的注意力与精力花在那上头。你必须在一堆一定会出现的小碎石之外，完成关键的象限2活动。

你可以拟定“主要任务清单”，定期替象限2活动安排时间表，把自己的角色与象限2活动的特定时间联系起来。基本原则是，每当出现新任务时，不是将它列在清单上就是丢开它。用纸笔记下所有的事情，不要靠脑袋记，借此释放你的脑容量，把脑力花在真正会带来价值的事情上。一旦运用了任务清单，你大脑的工作记忆便能应用在有生产性的事情上，也就能迅速果断地做出决定。

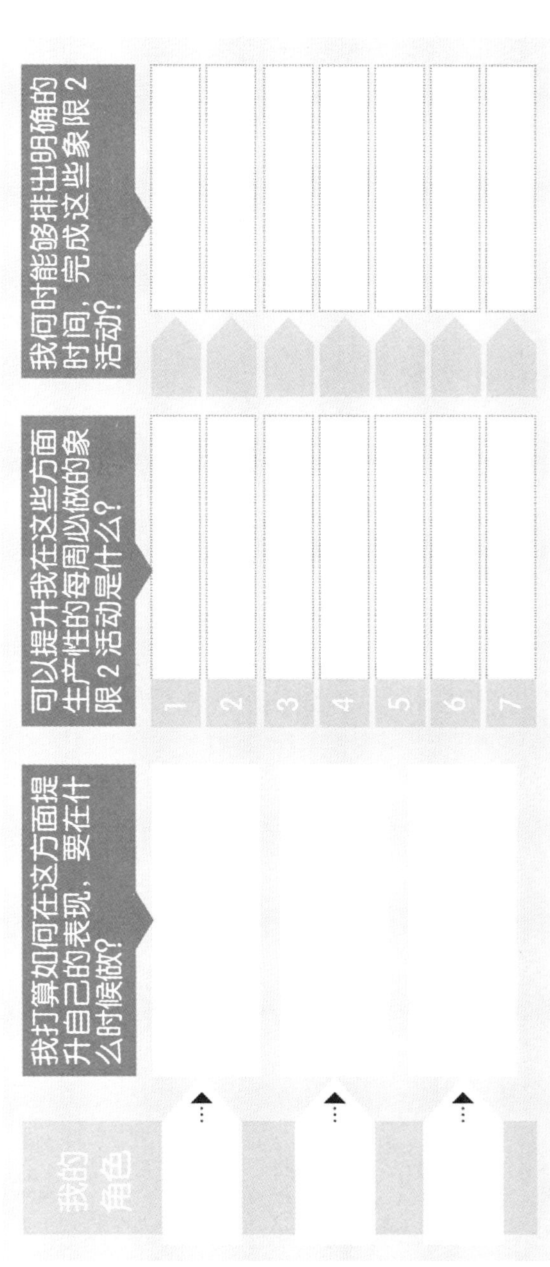
我的角色
我打算如何在这方面提升自己的表现，要在什么时候做？
可以提升我在这些方面生产性的每周必做的象限 2 活动是什么？
1
2
3
4
5
6
7
我何时能够排出明确的时间，完成这些象限 2 活动？

每周你应该：

◎回顾你的角色与目标。

◎安排大石头的时间。

◎把小碎石排在大石头以外的时间。

接着，每天你应该：

◎评估你的象限 2 活动表现。

◎找出明天的“必做事项”并安排时间。

◎把其他事排在“必做事项”以外的时间。

研究显示，如果能养成每天用纸笔做这件事的习惯，个人的生产性将提升 200% ~ 300%。

关键思维

做象限 2 计划时，你要花一些时间沉淀自己，从思考的大脑出发，刻意先把大石头排进每周与每日计划，确保它们一定会被完成。我们向你保证：如果你每周花 30 天、每天花 10 分钟来计划象限 2，一天结束时，你的成就感会大幅提升。这样的象限 2 计划程序，将让你以不一样的方式

度过每一个小时。

——科丽·科歌昂
亚当·美林
莱娜·林内

在商业领域，我们常执着于“如何做”，例如“以下是如何做这件事的方法”。然而我们鲜去讨论“为什么”，例如“以下是我们为什么要做这件事的原因”。但是如果一开始连为什么要做某件事都不知道，我们就真的很难把事情做好。

科学告诉我们，高绩效的秘诀不在于我们的生物动机，也不在于我们的赏罚动机，而在于第三种动机——我们想要主导自己的人生、想要发挥与拓展能力、想要做出贡献的深层欲望。

——丹尼尔·品克，知名作家

四　要掌控科技，不要让科技掌控你

一不留神，今日的科技就会让小碎石加速进入你的生活，别让那种事发生。你要拟好一套办法来掌控科技，用科技提升生产力，面对科技你要足够聪明。

在今天的世界，别人可以用五花八门的方式找到你：

◎便条纸、文件或信件。

◎电子邮件。

◎视频会议或电话会议。

◎发短信。

◎联网的无线设备。

◎在社交媒体网站留言。

当留言、推文、请求与吩咐如洪水般涌来时，不要忘记“抉择 1”的精神——你应该回应

重要的事，而不只是回应紧急或最吵的声音。你要记住，要让科技帮你用象限 2 的方式拥有生产性，而不要让科技浪费你的时间，逼你跑去做象限 1、象限 3 或象限 4 的事。

若要掌控科技并一直待在象限 2，你要把握 4 个基本原则与重点：

1. 把所有东西放在一起
2. 试着不战而胜
3. 该怎么处理，就怎么处理
4. 用链接找到信息

1. 把所有东西放在一起

掌控科技的第一步是把所有东西放在一起，而不要东一点西一点。若要应付信息流，你得想办法看到全貌然后再处理，而唯一的办法就是把信息集中在一个地方。

无论是用纸笔还是用电脑都没关系——只要对你来说行得通就可以。大概你最后会采取混合的方式，有的用纸笔，有的用电脑。混合也没关系，只要你把所有数字的东西都集中在一个地方，所有纸笔的东西都集中在另一个地方，然后用相同的方法处理它们就可以。

观察一下流入的信息，你很快会发现它们其实可分为 4 类：

◎预定的约会，一定得遵守。

◎你想完成的或是别人指派给你的工作。

◎你不想弄丢的联络信息。

◎提供有用信息的备忘录与文件。

2. 试着不战而胜

掌控科技的最佳方式之一是订下某些规则，过滤进入你系统的新信息。如果能预先拦截垃圾不花任何时间阅读，你就能永远超前一步。

举例来说，如果你替进入信箱的电子邮件设定一些良好的自动处理规则，系统就能够自动移

除大约30%～40%的来信。大部分的人从来不懂得如何做这件事，最后只得浪费时间手动处理，你要运用科技，掌控科技。

你也可以设定手机，让重要人士打来时会有不同铃声。那样一来你可以只接听他们的电话，其他人的来电则转入语音信箱。

如果你有某个可以交付项目的人——这是另一种较为古老的自动化形式，你可以设定把计划相关的电子邮件自动转发给他们。或许你还可以让助理帮忙把关，把需要和不需要读的电子邮件分别加上标记，让你更有条理，从而把时间留给象限2活动。

3. 该怎么处理，就怎么处理

筛选完电子邮件并让它们降至可以处理的数量后，下一个重点步骤是立刻解决每一封信，该怎么处理，就怎么处理。快速看过邮件，决定你是处理、归档或是删掉。关键在于立刻做决定并处理，不要把那封邮件留在收件箱。

每一封电子邮件只处理一次：

（1）如果邮件内容是约会：把约会细节记在日历上，回信确认，然后把信移到“约会”资料夹。

（2）如果邮件内容是重要工作：把那个工作加进你的待办事项清单，把信移到“工作”资料夹。

（3）如果邮件内容有重要的联络信息：学习使用你的电子邮件软件，把寄件人信息加成联络人，然后把信移到“联络信息”资料夹。

（4）如果邮件内容有你想保存的信息：把信移到“备忘录”资料夹。

整件事的重点在于，你需要拥有一套逻辑一致的步骤，让收件箱清爽，避免塞了一堆信。如果你读到既不想排进行事历，也不想留待以后参考的东西，那就开心地删掉它。每一封信该怎么处理，就怎么处理。

的确，你有可能做过头，因为能删就把所有

东西都删了，这大概无法帮你把更多时间花在象限2上。或许你可以订个“5秒钟规则”——删信之前先暂停一下，确认是否真的该删。不过最重要的还是，处理电子邮件时要有条理并专注于象限2。

4. 用链接找到信息

开会前找需要的信息是货真价实的象限1等级的生产性杀手。为了避免浪费时间，你应该加上一些超链接，链到你用自己方式储存的信息，这样一来就可以轻轻松松立刻把相关的东西全部调出来。

加链接有3种方法：

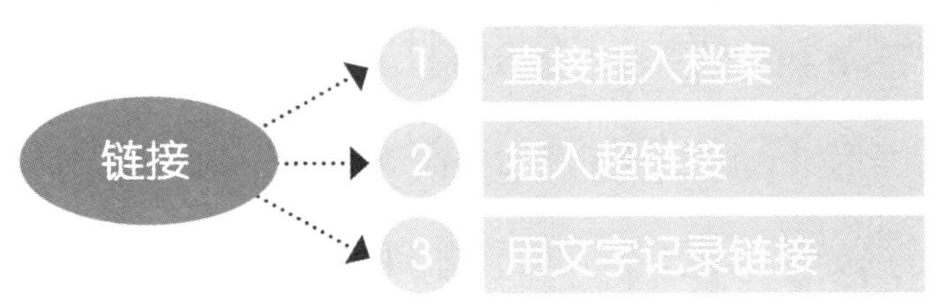

（1）如果把约会记录在电子日历上，你应该

用可以把文件或电子邮件插入那个约会的软件。这样一来当会面时间来临时，你可以点一下那个约会，调出所有链接到约会的资料。

（2）有的电子日历还可以让你直接在被储存的档案上建立超链接。你把那个链接放进另一个文件时，只需要点一下，就会开启原始文件。你可以复制这些链至你所需资料的超链接，把它贴到约会底下。

（3）如果你用纸笔，那你可以用文字记录链接，提醒自己把约会或简报的相关资料放在哪里。什么样的记录格式都可以，只要好用就行。这种链接无法点击，但至少你会知道要去哪里找你需要的东西。

社交媒体网站也使用主题标签来整理并链接信息。你可以轻松建立和接下来的会议有关的主题标签，然后发一篇附有主题标签的信息给自己，告诉自己开会所需的文件在哪里。这种方法也能帮助你用科技整理信息并尽量把时

间花在象限2。

如果电子邮件堆积如山，收件箱爆炸，再要按照这套方法来清理收件夹，你可能就会觉得有点力不从心。碰到这种情形，可以这样做：

◎建立新的子资料夹，命名为“解毒”。

◎把目前收件箱中的所有信件移到解毒夹，只留下最新的信，例如最新的200封。

◎检查留下来的信，依据你整理信件的新方法，看是要丢进垃圾桶、做信上提到的事，或者将其归档。

◎用你的方法，处理所有新收到的邮件。

◎抽出时间慢慢处理你的解毒夹或者就把信留在那里。有需要的时候你依旧可以找出那些信，至少它们不会塞爆你的收件夹。

◎养成习惯，在所有你寄给团队成员的信件标题处标上象限1、象限2、象限3或象限4。

◎在固定时间回电子邮件，并让每一个人知道具体时间。那样一来他们就不会每隔15分钟就寄出同一封信，只为了确认你收到没有（如果出现这种事，那是象限 3 活动）。

你也应该好好找一下，看有没有能帮忙提升生产力的 App。有一些很棒的 App 并不贵，甚至还是免费的。只有一件事要注意，别把象限 2 时间浪费在寻找不知道有没有用的 App 上。你怎么运用手上所有的科技，就怎么运用 App。

关键思维

不战而屈人之兵，善之善者也。

——孙子，军事家

拥有清爽的收件箱，你脑袋就会清爽。看到邮件减少到只有几封，知道每一封信都放在该放的地方，没有什么比这还令人安心。你要让收件箱配合你，而不是你配合收件箱。

就算科技一直在变，厉害的人依旧可以赢得战役，因为他们的优势是懂得基本的规范与原则，特定的工具与科技皆是次要的。

有时我们会卡在思维陷阱里，觉得只要有了正确的工具，例如正确的软件或最新的电子产品，所有的问题就会迎刃而解。然而这是奢望，没有任何外在的设备能够取代我们的头脑。

——科丽·科歌昂
亚当·美林
莱娜·林内

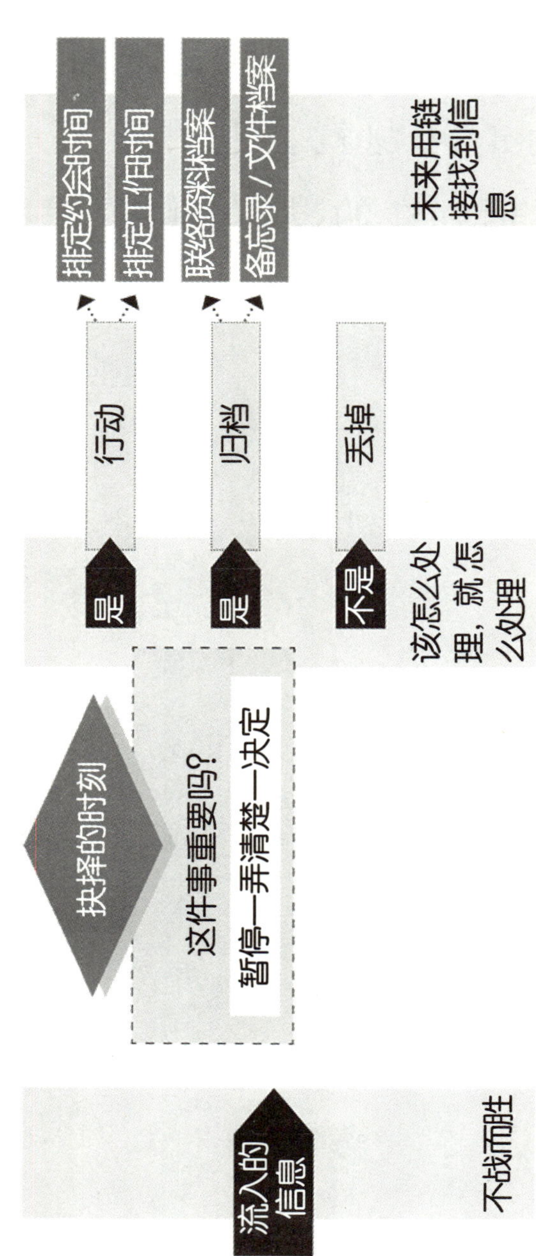
流入的信息
不战而胜
抉择的时刻
这件事重要吗？
暂停—弄清楚—决定
是
是
不是
该怎么处理，就怎么处理
行动
归档
丢掉
排定约会时间
排定工作时间
联络资料档案
备忘录 / 文件档案
未来用链接找到信息

五　要补充燃料持续燃烧，不要让自己精疲力竭

在一个知识工作会创造庞大价值的世界，你必须持续给自己的大脑添加燃料，让大脑愈烧愈旺。你要吸收由明确且让人有动力的目标带来的能量并做一些保持健康的事，以便每一天都有精力依据目标好好做事。

一直维持卓越的生产力会耗去许多心力，你的大脑是你最重要的商业资产，因此你应该每天都花一点时间，让你的心智和脑力处于最佳状态。

要做到这一点有两大关键：

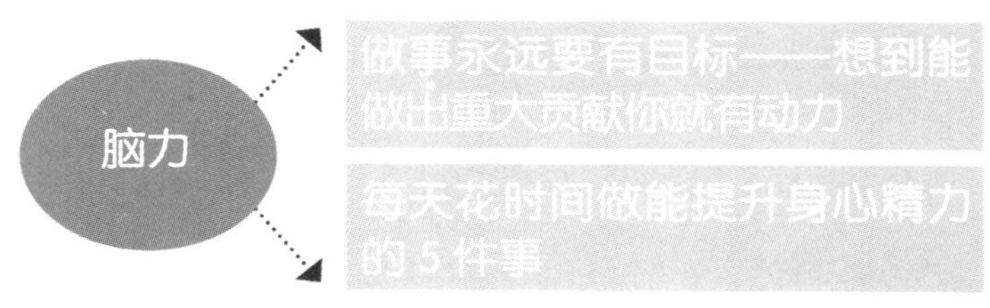

非达到目标不可的心态会产生巨大能量，然而长期下来，除非好好照顾身心，否则你将会遇上撞墙期。若要维持需要的精力，你必须持续做5件事：

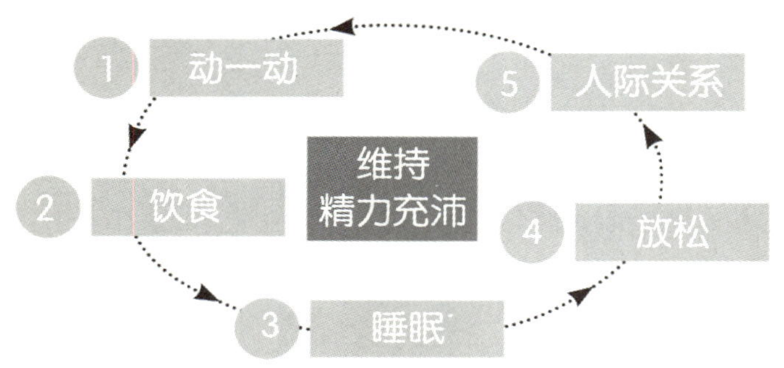

（1）动一动——你必须起来走一走，让脑袋清醒。不管你喜不喜欢，人类的身体不适合整天坐在同一个地方，那不健康——你得活动。研究显示，规律的运动可以让大脑发挥最大功效，也可以让身体更健康。

（2）饮食——要用高品质的卡路里为身心提供燃料，正确的食物会提升你的精力，让你更聪明，高脂高糖的食物则会让你无精打采。理想的

简单做法是，每天定时食用纯天然食物，好好将那些可以提升你大脑效能的葡萄糖等养分提供给大脑。

（3）睡眠——你必须拥有充足的睡眠，否则就无法拿出过人的表现。大脑会在睡眠时强化你的学习效果，下意识解决问题，还会改善你的记忆力。若要睡得好，你得做足够的运动，减少晚间酒精与咖啡因的摄取，保持良好的生活习惯，并且营造有助于睡眠的环境。每晚都得睡个好觉，头脑才会清楚。

（4）放松——表现优秀的人士都知道自己没办法永远处于高峰状态，他们每隔一阵子就会刻意让自己关机，帮自己充电，做好再次出发的准备。你也一样，若要想保持充沛的精力，你必须定期放松自己，比如做做自己感兴趣的事，休息一下去和有趣的人聊聊天，甚至切换到另一个不同领域的计划做一下。要排出一些你可以放松的时间，帮自己充电。

（5）人际关系——人类的大脑渴望能和其他人建立积极的社交联系。这些联系可以产生大量的积极能量，那些能量会提升你在其他方面的表现。对长远的个人生产力来说，花时间与力气去和生活中的重要人士建立有品质的一对一关系，是很值得的投资。

以上 5 大精力“补药”，每一帖都有强大功效，如果能同时服用，效果会立刻出现。如果你能持之以恒，规律地拨出时间“服用”这几帖精力“补药”，就会感到身心变得轻盈，头脑更清楚，更能接受新点子。你会对自己的前途感到乐观，有力气朝着目标走。

“抉择 5”很棒的地方在于，你可以从简单的东西开始，循序渐进，例如你可以这样做：

◎选一个会让你的工作更有进展的点子，然后每星期至少做那件事 1 ~ 2 次。

◎买一些健康的零食，例如蔬果，放在办公桌抽屉里，让自己吃健康的零食。

◎每天晚上提早15分钟上床睡觉。

◎从这个星期开始做一些有趣的事，让自己放轻松。

◎多花一点时间，加强生活中的关键人际关系。

关键思维

在21世纪，管理必须做出的最重大的贡献，便是提升知识工作与知识工作者的生产性。

——彼得·德鲁克

卓越生产力的最大重点在于知道当下自己在做什么。改变现况很简单，只需要每天采取一些小小的步骤，在生活中养成习惯。我们要留心周遭环境，关注一起共事的人，还要把握做判断的重要时机，决定好该把时间、注意力与精力用在哪里。

——科丽·科歌昂

亚当·美林

莱娜·林内